U0078920

Super Memory
The Most
Efficient Reading Skill.

超級記憶王！

高效率閱讀法

劉曉威／編著

運動全腦 ＋ 訓練理解與聯想 ＋ 科學呵護大腦

運動 多種感知覺參與的多通道記憶法效果更好。

記憶 為提高記憶效率在聯想的過程中要加入一些要素！

用腦 人的大腦具有可塑性，從出生到變老都離不開悉心的呵護。

心情 環境適宜、身心舒暢時，大腦皮層才會容易記住來自外部的訊息！

何訊息僅僅靠死記硬背都是枯燥和乏味的！！

i-smart

智學堂

智慧是學習的殿堂

國家圖書館出版品預行編目資料

超級記憶王：高效率閱讀法 / 劉曉威編著.
-- 初版. -- 新北市：智學堂文化，民101.11
面；公分. -- (super&smart全能益智王系列；2)
ISBN 978-986-88534-6-1(平裝)
1.記憶 2.健腦法
176.33   101018311

super&smart全能益智王系列：2

超級記憶王 ： 高效率閱讀法

編　　著 ─ 劉曉威
出 版 者 ─ 智學堂文化事業有限公司
執行編輯 ─ 廖美秀
美術編輯 ─ 蕭若辰
地　　址 ─ 22103　新北市汐止區大同路三段一百九十四號九樓之一
　　　　　　TEL　（02）8647-3663
　　　　　　FAX　（02）8647-3660

總 經 銷 ─ 永續圖書有限公司
劃撥帳號 ─ 18669219
出 版 日 ─ 2012年11月

法律顧問 ─ 方圓法律事務所　涂成樞律師
cvs 代理 ─ 美璟文化有限公司
　　　　　　TEL　（02）27239968
　　　　　　FAX　（02）27239668

記憶祕技 ①

綜合　運動全腦進行學習、
　　　　　　記憶和思維

SUPER MEMORY

▶ The Most
Efficient Reading Skill.

記憶 秘技 ②

理解 是記憶的基礎，
聯想是記憶的關鍵

SUPER MEMORY

The Most
Efficient Reading Skill.

記憶祕技 ③

科學 用腦，
　　　呵護大腦的健康

SUPER MEMORY
▶ The Most
Efficient Reading Skill.

記憶祕技 ④

保持 **良好心情，**
激發最佳腦力狀態

The Most
Efficient Reading Skill.

綜合運動
全腦進行學習、記憶和思維

SUPER MEMORY The Most Efficient Reading Skill.

　　人腦分兩個半球，左腦和右腦，人的左右腦有不同的分工，左腦主要負責邏輯思維，如文字處理、數學計算等。

　　右腦主要負責綜合性判斷和感觀認知。

　　左腦和右腦又分為言語—語言智力、邏輯—數理智力、自知—自省智力、音樂—節奏智力、視覺—空間智力、身體—動覺智力、交往—交流智力和自然觀察智力八大智力區域。

　　透過眼、耳、手、口、心的活動等多種方式，盡量充分調動所有的智力區域積極參與，才能發揮大腦潛能，最大限度的提高學習和記憶能力。

開發動員全腦參與學習效果最好

不論是信奉哪一種理論，絕大多數學者都傾向於認為，當綜合運動全腦進行學習、讀書、思維活動的時候，大腦的效率是最高的，並且呈幾何數字在增長！

美國曾對全美數學家和化學家進行一項調查，是關於創造性思維的，竟有超過四分之五的人確定他們在發明、發現時得到右腦直覺和頓悟的幫助。阿基米得定律就是這樣被發現的。在科學發現的歷史上，充滿了類似的事例。富蘭克林從妻子的一次被電擊得到啟發，發明了避雷針；從浴缸中打轉的水，謝皮羅想到了由於地球的自轉造成的地球南北半球的水流、風暴方向相反。

可見，創造性的直覺和頓悟來自右腦，這是思維的第一階段，是創造性思維的基礎和前提。很多學者認為，古今具有創造才能的人都是右腦型和左右腦綜合運用型的人。因此，日本教育界提出要「進一步開發右腦」，甚至把開發國人右腦提高到「第二勞動力」

的高度。

　　左、右半腦靠胼胝體兩億個神經元緊密連結。美國心理學家奧斯丁發現：當人的左右腦較弱的一邊受到激勵而與較強的一邊合作時，大腦的總效能不僅僅是一加一等於二，而是會增加 5 ～ 10 倍！

　　為什麼我們能很快學會流行歌曲？它所包含的歌詞、旋律、節奏，要比一段英語課文複雜得多。為什麼我們背課文卻沒那麼容易？英國《快速學習》的作者科林‧羅斯指出：「如果你聽一首歌，左腦會處理歌詞，右腦會處理旋律。因此，我們能輕而易舉的學會流行歌曲，這並不是偶然的。你沒有必要花很大的力氣去做。你很快學會，是因為左腦和右腦都動員了起來──邊緣系統中大腦的情感中心也加入了。」頂尖天才很少只具有單方面的才能。表現卓越的人，經常是各方面都出類拔萃。這正是他們善於用全腦的結果。

　　比爾‧柯林頓，美國總統；比爾‧蓋茲，世界首富。兩個比爾一個右腦是優勢腦，柯林頓情感豐富，樂於與人溝通，善於與人建立親善關係；另一個左腦是優勢腦，蓋茲分析問題邏輯嚴密，對數學有特別的興趣，他可以讓個人電腦系統不斷的更新換代。比爾‧柯林頓曾代表強大美國的意志，他的言行曾

影響著世界的局勢；比爾・蓋茲將個人電腦送到全世界的每一個角落，開創了訊息革命的新時代。兩個人都很早就掌握了高效學習、閱讀的本領，都有著超人的記憶力，都是左右腦合作成功的典範。

愛因斯坦的左腦和右腦都非常發達，他的小提琴演奏具有專業水準。

右腦使他創造性的大膽想像，左腦的抽象能力使他善於進行邏輯推理，左右腦密切配合，創造出非凡的科學成果。他描述了他進行創造性思維的兩個階段：先右腦，後左腦。在右腦階段中，利用右腦的流暢性及其功能，去掌控視覺形式的複雜表象，最終進行成功轉化。

因此，我們不僅要開發大腦儲存訊息的能力，而且要開發大腦處理訊息的能力，更要開發創造性的處理訊息的能力；不僅要提高思維的敏捷性，而且要提高思維的廣闊性、深刻性、靈活性、批判性、獨創性，使思維品質得到全面提高；不僅要開發主管分析思維、抽象思維、常規思維的左腦功能，而且要開發主管形象思維、創新思維、空間思維、綜合思維的右腦功能，使左右腦得到協調和均衡發展。

針對自己左右腦發育狀況的不同，開發、動員全

腦參與學習，充分發揮形象思維的巨大潛力，將抽象的知識形象化，既使學習輕鬆愜意，又能提高閱讀學習效率，使記憶更加準確和持久。

要重視對注意力的培養和提高

希臘文學家沙米爾 · 強森說過：「真正的記憶術就是注意術。」

我們生活在一個豐富多彩、紛繁複雜的世界上，各種對感官的刺激紛至，使我們目不暇給、各音盈耳。它分散了我們的注意力，妨礙了大腦皮層優勢興奮中心的形成和穩定，從而影響我們對某一特定事物清楚、深入的認識。

瓦格納說：「一個人不能騎兩匹馬，騎上這匹，就要丟掉那匹。聰明人會把一切分散精力的要求置之度外，只專心致志的去學一門，把它學好。」善於控制自己的注意力，使它能根據我們的需要而有一定的指向性、集中性和穩定性，對提高我們的智能水平有很大的幫助。注意力的集中與穩定是深入認識客觀事物、改善記憶效果、提高學習效率的必要條件。

心理學家指出，使記憶系統得到加強的關鍵是「注意力」，但絕不僅限於提升注意的層次。

比如，對某電影明星極度癡狂的影迷，雖然將同

一部電影看了好幾遍，但對整部電影的記憶仍相當薄弱。換言之，我們往往會刻意的把自己的注意力投注於特定事物上，以致成為我們注意焦點的事物，在我們的記憶中就比其他事物清晰許多。所以，特定的訊息被記憶到什麼程度，受到整體注意力的「層次」和「分配」方法的影響。

威廉‧詹姆斯曾說：「意識的焦點化、集中化即是注意的本質。」將注意力集中在某個對象就稱為焦點化的注意。這麼說來，沒有成為我們注意焦點的刺激或訊息，就不被記憶了嗎？關於這一點，我們不妨看看以下的有趣實驗。

一九五三年，通訊工學家C‧查理曾經做過實驗，測試在喧鬧的宴會中，訊息可以被傳達到什麼程度。結果發現，和朋友聊得正起勁時，我們就連別人過來打招呼都沒能發覺；但是當旁邊的人們在交談中提到自己的名字時，卻又能很輕易的聽到。

宴會當中人聲鼎沸，有時甚至連交談對象的聲音都難以辨認。此時，人們的嘴唇嚅動或動作、聲調或抑揚頓挫、前後言詞的預測等就成了使彼此的交談持續進行的關鍵。

除此之外，會吸引我們注意的還有低聲的交談，

不怎麼悅耳的話，也會很容易跑進我們耳裡。這是因為我們的注意力很容易集中在與自己的興趣或關心、期待和願望、價值觀或生活態度等相關的事物上。

顯然，沒有意識的去記，或觀察不認真仔細，都是很難記住的。

那麼，怎樣才能使注意力集中到要記憶的對象上呢？那就是要對想要記憶的對象感興趣。例如，新來的老師要想很快記住所有學生的名字，是根本不可能的。可是對那些「顯眼」的學生，如成績特別好的學生、課堂上愛發言的學生、最不遵守紀律的學生等，老師會很快記住他們的名字。相反，對那些不「顯眼」的學生、缺乏個性的學生，老師就很難在短時期內記住他們的名字。

因此，要提高注意力，就要講究方法和不斷的做一些訓練，畢竟，冰凍三尺非一日之寒。下面的一些訓練對於我們提高注意力會有一定的幫助：

（1）努力集中注意力

考試、做功課或者工作中要作出某項決策時，卻被外在的其他事物所吸引，無法專心，也就是說，注意力無法集中。美國有一所記憶術訓練學校對此進行了專題研究，並提供了一種解決方法。大致是這樣的：

第一階段：先將注意力轉移——鋼筆、課本、玩具、零食等各類瑣碎的事物上。

第二階段：再凝視某一目的物，直到厭煩為止。

第三階段：將眼睛閉起來，回憶剛才所見的事物，例如原子筆，將其顏色、形狀、長短等外形特徵描繪在腦海中。

第四階段：將思維從原子筆上移開，然後睜開眼睛。

第五階段：間隔三十秒。

接著，再選其他事物重新從第一階段做起。

這種方法同樣適用於企業經營管理人員，根據受此訓練的人轉述，剛接受訓練時，精神集中力無法持續八秒鐘以上，但經過一周的訓練後，集中力便能持續到三～四分鐘。

（2）進行看的訓練

在家裡找一個小物品，諸如原子筆、鑰匙、小刀、水杯等仔細的看上三十秒鐘，然後閉上眼睛，試著把它的特徵詳細的說出來。如果第一次有些細節說不出來，那麼再來一次。如此，直到能夠說的準確無誤為止。

在商場裡的商品陳列台前，盡量排除干擾，注意

的看六十秒鐘。具體看的內容，可以是有多少種商品，可以是商品的擺放方式，也可以是某個商品的外觀、規格、商標樣式等。然後轉過身去，試著回憶一遍，一直到準確無誤為止。

（3）進行聽的訓練

在家打開音響聽音樂，要把聲音調低，微弱的聲音會促使你集中注意力，聽上三分鐘，然後把它的內容複述一遍。在喧囂的街頭，集中精神去聽一種聲音，如汽車的行駛車聲，行人的腳步聲，遠處傳來的音樂聲。進行這種訓練時，大腦會自動排除那些你不想聽到的噪音，這是一種能使腦子冷靜下來的訓練。

（4）進行想的訓練

選擇三個問題去思考，比如近期的工作計劃、一篇文章的標題該如何起、去超市購物要買些什麼。每個題目想三分鐘，一定要依照前後次序進行。持續這種訓練，對集中注意力思考問題和加強記憶力都有好處。

透過訓練進入專注忘我的世界

　　要想進入專注忘我的世界，就要有足夠的集中力。

　　對於集中力的養成，一般人認為是很困難的事。或者，對於怎樣養成集中力，做到心無雜念，不太清楚是怎麼一回事。

　　可是，如果僅是簡單的談到（注意力）「集中」，又沒有什麼了不起。無論是誰，常在無意中就做到了。例如，孩子們著迷的看著卡通影片時，母親大聲呼喚，孩子呈現充耳不聞的情景，每天都在各個家庭反覆出現。

　　再如，從事體育運動的人大多有過這樣的體驗，比賽中，即使受了傷，當時往往感覺不到疼痛。而比賽剛一結束，才感到疼痛難忍。

　　也就是說，所謂集中力，就是專心致志於某件事情上的注意力。

　　那麼，所謂「專心致志」又是怎麼回事呢，看卡通影片的孩子，絕不是想著「要專心致志」來看電視

的。也不是塞住耳朵不想聽母親的叫聲，但不用說，母親的聲音沒有進入孩子的耳朵，而卡通影片的內容，孩子們卻能記得很清楚。

　　人，只要真正將注意力集中到某件事情上的時候，是能發揮出平常無法相信的力量的。

　　但是，人的注意力卻又絕非是想著「集中」而集中。

　　那麼，怎樣才能進入專注忘我、自我沉浸的世界呢？日本記憶專家為我們總結了如下四步訓練方法：

（1）丹田呼吸法

　　丹田呼吸的「丹田」，是東方醫學的用語，指肚臍的周圍。一般還分為上丹田、中丹田。下丹田三部分。在「丹田呼吸」中的丹田，指的是下丹田，約在肚臍下面 8 公分的部位。

　　具體的訓練方法如下：

　　1. 端坐椅上，背伸直，收顎，閉目。

　　2. 全身肌肉放鬆，取安穩的姿勢，坐著有不舒服、失調的感覺時，就調整一下姿勢。

　　3. 呼吸用細、長、靜的深呼吸，切忌用發出聲響的急促呼吸。嘴自然合攏，兩頰和嘴唇放鬆，從鼻吸氣吐氣。

4.呼吸的速度，大人吸氣用六秒鐘左右，吐氣則用其兩倍的時間十二秒。肺活量小的小孩等，吸氣用四～五秒，吐氣用八～十秒。

與平常的呼吸相比，會感覺相當慢，不過多做幾次，習慣也就成自然了。普通人一分鐘的呼吸次數平均約十七次。現在要比平時少到四～五次，這會使自律神經活性化，身心安定。

5.吐氣後須想著下丹田尚殘留有所吸空氣的 30% 左右。重要的是，腦子裡要常常想到所吸入的空氣大部分已吐出，而腹中正在吸入新鮮的空氣。

還有最重要的一點是，一定要學會用無意識的狀態做到這些。因為在呼吸上加了神經意識的話，集中力的門扉就不能開啟。

（2）固定點凝視法

利用丹田呼吸，掌握好第一階段的集中力訓練法以後，下面便進入第二階段的固定點凝視法。這是利用凝視一點，使內心的能量增強，精神及視覺的集中力最大限度發揮的訓練。進行這種訓練，精神能自然的集中，也能練得忍耐力和精神的持久力。還有，看鉛字及物體的時候，也能產生感到比實物大，視野更清晰的效果。

具體訓練法如下：

1. 眼睛睜大，嘴閉攏。眼睛離訓練圖約 30~40 公分。

2. 自我暗示：「黑點看大，黑點看清。」

3. 凝視訓練圖上面的大黑點兩分鐘。呼吸照樣用丹田呼吸，盡量不眨眼睛。

4. 練就能夠不眨眼睛的凝視力後，把使用的黑點逐漸變小。

一個黑點作為一個目標，看四天左右。

固定點凝視法訓練所用的圖形

（3）視點移動法

集中力訓練的第三個階段是視點移動法。

綜合運動全腦進行學習、記憶和思維

這是活動眼球的運動，即在一定距離內，按一定的速度，準確無誤的移動視點。它訓練的條件是眼球的運動要靈活，而且無論眼球怎樣移動，精神的集中力也不要鬆弛。

　　透過這一訓練，可使眼球能按一定的速度正確的運動，而且緊緊盯住作為視點的對象。

　　我們在日常生活中，讓眼球迅速而且連續運動的情況是很少的。因此，視點移動法，必須每天持續不懈的訓練，一旦眼球略感疲勞，就應暫時閉上眼睛稍做休息。

視點移動法訓練所用的圖形

　　具體的訓練方法如下：

1. 姿勢與丹田呼吸的狀況相同。伸直坐正，用丹田呼吸。

2. 眼略睜大，面對展開的訓練圖。訓練圖與眼的距離約 30~40 公分。

3. 讓視點循線上下慢慢移動。黑點與黑點間的視點移動速度約為五秒。一旦到達下一個黑點時，視點停止移動，約注視一秒。

視點注視在黑點之際，運用固定點凝視法的要領，集中凝視黑點，盡量不要眨眼睛。

4. 自我暗示：「把線和黑點看大，看清楚。」

5. 視點循訓練圖上下來回移動，一次訓練時間約二分鐘。

（4）擺物追蹤法

擺物追蹤訓練法，也叫西維累爾實驗法。是十九世紀澳大利亞化學家西維累爾發明的。它最適合在情緒焦躁不安的時候，讓精神集中、腦呈現 α 波的狀態。它能使自我感覺清爽，體會到自我暗示的威力。

擺物追蹤法訓練所用的圖形具體的訓練方法如下：

1. 用一枚鈕釦，在釦眼處繫上一根約 20 公分的細繩。將訓練圖平放在桌上。

2. 把細繩的一端拴左手指上，將鈕釦懸垂在訓練圖中央的交叉點上方。鈕釦與圖保持約5公分的距離。

3. 先將視點投向鈕釦，然後慢慢讓視點左右移動。

4. 在心裡默念：「鈕釦左右搖吧……」，一旦鈕釦稍微有一點兒搖動。又念「再搖大些，再搖大些……」

5. 當鈕釦左右擺盪變大以後，又按同樣的程序讓它前後搖。繼而，再暗示讓其成對角線畫圓搖動。

6. 拴掛著繩子的手，始終僅僅是保持掛著繩子的狀態。不過，實際上尋仍要產生無意識的微動。所以，正如心裡所默念的那樣，鈕釦搖動了。

7. 一旦鈕釦搖晃情形如上所述呈左右、前後、對角線，畫圓等之後，精神自然就集中起來了。這一訓練，仍然應配合丹田呼吸法來進行，才能更加的有效果。

沒有較強的觀察力
就很難提高記憶力

　　科學研究告訴我們，人的大腦所獲得的訊息，有
80% ～ 90% 是透過眼睛和耳朵吸收進來的。因此，有
人說：觀察是智力活動的門戶。任何一個人，如果沒
有較強的觀察力，他的智力都很難達到高水平。著名
生物學家達爾文說過：「我既沒有突出的理解力，也
沒有過人的機智，只是在觀察那些稍縱即逝的事物並
對其進行精細觀察的能力上，我可在常人之上。」俄
國生物學家巴甫洛夫在他實驗室的牆上，寫著醒目的
六個大字：「觀察，觀察，觀察！」

　　觀察力是什麼呢？是指人透過眼、耳、鼻、舌、
身感知客觀事物的能力。觀察，是人有目的、有計劃
的感知活動，不是盲目的、隨意的。

　　一個人學習知識的過程，從觀察開始。如果學習
自然科學知識，就要在自然條件下或在實驗室裡，認
真觀察具體的事物，觀察各種自然現象、實驗規律等
等，從而獲得自然科學知識。如果學習社會知識，就

要觀察社會生活和各種社會現象，瞭解人的複雜的社會關係和社會發展的規律，從而獲得社會科學知識。即使是間接的從書本上獲得知識，也離不開眼睛、耳朵等感官的觀察活動。

平時當我們被人介紹去認識兩三位新朋友的時候，往往不到一兩分鐘以後，就已把他們的姓名忘得一乾二淨。這就是因為，我們一開始就沒有集中注意力也沒有仔細觀察他們的緣故。也許你會自稱記憶力太差。其實你錯了，這在很大程度上可能是因為你的「觀察力」太差，模糊中記事正如煙霧中拍照一樣，不清楚。

一位《紐約世界》雜誌的總經理在編輯部每個職員的桌上寫著：「精確——精確——精確。」這是我們所十分需要的格言。你要記憶人家的姓名，就得依照這個格言去做。當你沒有聽清人家的姓名時，非問個明白不可。被問的人，往往因你對他這樣注意會格外高興的回答；同時，他也可以因為集中注意而記牢了他的姓名，且得到一個確切的印象。

要提高自己的學習成績，發展智力，增強記憶力，不提高觀察力是不行的。前蘇聯教育家贊可夫曾經明確指出，學生記憶力不強、學習成績落後的原因

縱然是複雜的，但普遍的特點之一是觀察力差。

　　觀察是人們獲取訊息的主要渠道，人的訊息絕大部分是透過眼睛獲取的。從事任何活動一般都離不開觀察，學習也是如此。如我們所學的許多物理、化學的概念和定律，都是從客觀事物中、具體生活中概括出來的。如果能透過觀察，對這些具體的現象、具體的形象產生一些感性認識，那麼理解起來就容易得多，記憶起來就牢固得多了。一旦忘記了，也會再由那些具體形象聯想、推斷出來。比如，大氣壓力作用對國中同學來說理解起來有較大難度，但是透過馬德堡半球實驗，使他們親自感覺到大氣壓強的存在，理解起來就比較容易了。

　　我們常說「眼睛是靈魂之窗」，這個說法真是很有意思。雖然我們強調要善用所有的感官（味覺、嗅覺、聽覺、視覺、觸覺），但是不可否認的是，我們更常運用眼睛來取得絕大部分的訊息，而且我們由視覺所獲得的訊息，遠比透過其他感官來得有層次、有深度。正常人的眼球，都是超級而且快速的掃瞄器，經由眼睛所掃瞄的圖像一旦儲存在頭腦記憶區，幾乎一輩子都會留存在腦中。為了訓練良好的記憶力，一定不要忽視了對觀察能力的培養。

掌握科學的觀察方法和要領

　　觀察是一種有目的、有計劃的行為。對一個事物
進行觀察時，要明確觀察什麼，怎樣觀察，達到什麼
目的，做到有的放矢，這樣才能把觀察的注意力集中
到事物的主要方面，以抓住其本質特徵。目的性是觀
察力的最顯著的特點，有目的的觀察，才會對自己的
觀察提出問題，獲得一定深度和廣度的鍛鍊。反之，
如果東張西望，左顧右盼，對事物視若無睹，你的觀
察力就得不到鍛鍊。

　　有些人缺乏生活經驗和獨立、系統的觀察能力，
在觀察事物時，往往抓不住事物的本質，或者看得粗
心、籠統，甚至觀察的順序雜亂無章。為了有效的
進行觀察，更好的鍛鍊觀察力，掌握良好的觀察方法
是必要的。一個良好的觀察者必須具備觀察事物的技
巧，掌握適當的觀察方法和要領。

（1）全面觀察和重點觀察

　　全面觀察法，就是對某一事物的各個方面都進行
觀察，求得對該事物全面瞭解；重點觀察法，就是按

照某種特殊目的和要求，對事物的某一點或幾個方面做重點觀察。

對事物要善於從不同的角度來觀察，要觀察事物的各個方面，各種特性，然後，再觀察它們之間的連結，從而對事物有一個全面的認識。

例如，要掌握家兔的解剖知識，就先要觀察家兔的各大系統，組成各個系統的主要器官，然後再觀察各器官之間，各系統之間的位置關係，從而對家兔有全面的和整體的認識。

由於每次觀察，總有一定的目的。因此，可以根據觀察的目的，確定觀察的重點。例如，學習牛頓第三定律（兩個物體之間的作用力和反作用力總是大小相等，方向相反），需要觀察一系列實驗：彈簧秤的實驗，磁鐵和鐵塊相互作用的實驗，磁鐵和鐵條相互作用的實驗，帶電紙球的實驗。這些實驗觀察的重點主要放在物體間的相互作用上，而其他現象就不作為觀察的重點了。

（2）對比觀察

對比觀察法把兩個以上的事物有比較的對照進行觀察。進行對比觀察，有利於迅速抓住事物的共同性和個別性，從而抓住事物的本質。

例如，學習光合作用時，為了說明光合作用需要光，把整片葉子放在光下照射，按操作步驟實驗，最後，用碘酒染色，葉子變成藍色，這是因為碘酒遇到光合作用的產物——澱粉而起了變化。但是，這還不能說明光是生成澱粉的必要條件。如果有人提出葉子不照光，也可以製造澱粉，加碘酒也可以變藍，就不好回答了。

　　這時，就需要透過對照實驗來進行對比觀察，即把葉子的一部分遮住不見光，讓另一部分見到光，然後進行光照實驗。觀察結果，會發現只有見光的部分經處理後遇碘酒變藍，說明生成了澱粉。

　　透過這種對比觀察，才會得出令人信服的結論：「光」是進行光合作用不可缺少的條件。

　　德國哲學家黑格爾說：「我們所要求的是要能看出異中之同，或同中之異。」可見，對比觀察，實質上是比較科學思維方法在觀察中的運用，可以大大加快對事物本質的認識。

（3）重複觀察和長期觀察

　　長期觀察法就是在較長的時期內，對某種事物或現象進行系統觀察。如氣象觀察、天文觀察等等。進行這類觀察時要耐心細緻，觀察點一經確定，不能隨

意變更。重複觀察法就是反覆多次的進行觀察。

　　很多現象的出現非常迅速，稍縱即逝，觀察的速度往往跟不上，所以需要進行重複觀察。例如，化學實驗有時要重複多次，才能得到滿意的結論。由於所觀察的客觀事物有它自己的發展過程或週期，有時發展過程很慢，週期很長，所以決定了觀察的長期性。能不能耐心的重複觀察，能不能長期的持續觀察，也是觀察能力強弱的一種表現。

有助於提高觀察技巧的專門訓練

　　一切事物，只有經過深刻的觀察後，才可以使印象深刻化。反過來說，要想印象深刻化，非要經過深刻的觀察不可。

　　根據心理學家的實驗結果，證明即使是極有訓練的觀察者，也難以總是把親眼見到的事物作出正確的報導來。因為一般人對他自己見過的事物，總是觀察得不夠仔細，報告時往往加進了自己的想像。所以，在不少犯罪案件中，幾個現場目擊者的證詞往往風馬牛不相及，造成了破案的困難。

　　這是由於他們對突發事件既沒有事先的記憶意圖，也不可能冷靜的觀察，這樣就極容易在主觀的偏見中不自覺的歪曲了事實的真相。

　　觀察對於記憶有重要的意義。因為記憶的第一階段必須要有感性認識，又只有強烈的印象才能加深這種感性認識。從眼睛接受訊息時，就要把它印在腦海裡。對於同一幅景物，嬰孩的眼和成人的眼看來都是一樣的；一個普通人及一個專家的眼也是一樣的。但

引起的感覺卻是不一樣的。在觀察時，一定要在腦海中打一上個烙印，這種烙印包含著對事物的理解和想像，而不是一個只有光與形的幾何體。

為了提高觀察能力和記憶力，不妨嘗試一下下面的訓練：

（1）仔細觀察一個普通的物體

在房間裡或屋外找一樣東西，比如一張椅子或一棵樹，集中注意力注視這一物體。全神貫注的平視這個物體，不要讓眼睛過於緊張，盡量自然一些。現在，注意這個物體的大小，估計一下其尺寸。觀察一下它與你的距離，以及它與周圍其他物體的距離。再注意它的外形，看看它與附近其他物體的外形有何區別。認真觀察它的顏色，它與周圍的環境協調嗎？如果是的，那是怎樣一種協調感呢？如果不協調，又是什麼原因造成的呢？辨識出它的質地，它是用什麼製成的？它真正的用途是什麼？它起到這樣的作用了嗎？它可以在什麼方面有所改進嗎？怎樣才能實現這些改進呢？

在搜尋這些訊息的時候，讓大腦緊緊圍繞著這些相關問題運轉。或許在起初的時候會有些困難，但練習久了，大腦就會自然而迅速的對這些問題做出反

應。

現在，不要繼續看這一物體，停下來動筆將你所有能想得起來的訊息寫下來。

以同樣的一個物體為目標，重複這一練習十天，其間休息兩天。在第十天的時候，再觀察這一物體，看看你是否取得了進步。

（2）記住盡可能多的物體

以中等步速穿過你的房間，或者繞著房間走一圈，迅速留意盡可能多的物體。現在走到房間外，並將房門關上，動筆寫下剛才你所看到的物體。憑你腦海中留下的印象，而不要憑你的事先就已經知道的訊息。

像上一練習一樣，重複該練習十天，其間作適當休息。在第十天的時候，看看你的進步。在這一練習的最後，走進你的房間，仔仔細細的看一遍，找出一些你一直以來沒有注意到的東西。估計一下你的貽誤率。

（3）關注物體間的差別

取二十五塊到三十塊大小適中的大理石，其中紅色的、黃色的和白色的各十塊左右。將它們放到一個敞口的盒子中，然後將各種顏色的石塊完全混合在一

起。現在，用兩手迅速抓起兩把石子，然後放手，讓這些石頭同時從手中滾落到桌面上，或者地上。當它們全部落下後，迅速看一眼這些被抓中的石子，然後轉過身去，將各種顏色的石子數目憑記憶（不要猜測）寫下來。

重複這一練習十天，其間作適當休息，在第十天看看你的進步。

（4）關注內容

取五十張 3 公分見方的紙片，每一張紙片上面都寫上一個字母，字跡應清晰、工整。將有字母的一面朝下，分散放在桌面上。拿起十張面朝下的紙片，然後迅速的將它們反甩在桌面上，盡量使它們分散開，並且面朝上。現在，用極短的時間仔細看它們一眼。然後轉過身，憑著你的記憶，把所看到的字母寫下來。緊接著，用另十張紙片重複這一練習。每天這樣練習三次，重複十天，其間作適當休息。在第十天，注意一下你的後續練習與第一次練習相比較取得了多大進步。

上述練習都需要每天練習，並至少持續十天。如果能長久持續練習下去，對注意力和記憶力的提升均有好處。但是要注意的是，後續的練習也必須按照上

▶ 綜合運動全腦進行學習、記憶和思維

面的要求來進行。

（5）觀察視野中的所有物體

睜大你的眼睛，但不要過分以至於讓你覺得不適。注視正前方，此時，注意力要完全集中。觀察你視野中的所有物體，但眼珠不可以有一點的轉動。持續十秒鐘後，不再看前方，而是將所能想起來的物體的名字寫下來。憑藉你的記憶，不要憑藉你之前就知道的訊息來做記錄。

重複這一練習十天，其間作適當休息，像上面的練習一樣。在每次進行這一練習的時候，保持同樣的站立位置，向同樣的方向看出去，並以同樣的方式進行練習。在第十天，看看你的進步。

接下來，重複上面的練習，其他方面都不變，只是每一天觀察的位置和視野與前一天不同。在第十天看看你的進步。

注意：數秒數的過程一般會比所設想的要慢。你可以在練習前先調整一下你數秒數的速度，一邊數，一邊看著手錶的秒針走動。這樣你數秒數的速度就能確保在一分鐘結束的時候，剛好數出「六十」。

（6）仔細觀察特定的物體

平視前方，自然眨眼，注視某樣距離不是很遠的

物體，比如，10～60公分遠。讓你的注意力集中在該物體上。默數六十下，也就是一分鐘，在默數的同時，要專心致志的仔細觀察。現在，閉上眼睛，努力在腦海中勾勒出該物體的形象。有一些人可以讓這一形象非常鮮明、清晰，與真物一樣；而對於大多數人而言，這一形象可能不是那麼清晰生動。無論是否清楚，努力在腦海中將這一物體的各個部分都盡量描述出來。不要再看它了，現在把各個部分的特徵寫下來，要相信你的印象。

每天重複這一練習十次，分別以十個不同的物體來做目標。像上面的練習一樣，重複這一練習十天，其間作適當休息。每天都作記錄並標明日期，在第十天看看你的進步。

儘管為這一練習所設定的週期是十天，但它可以沒有時間限度，一直持續下去，這會令你受益匪淺。

記住：這一練習的目的是讓你學習觀察事物的本貌，並將它們印刻在腦海中。隨著練習的進行，觀察的仔細程度以及腦海中物體形象的清晰度都會有大大的提高。但是，最關鍵的是，要有耐心和毅力。也許有些人認為，僅憑這種觀察訓練，而使這一印象中的事物形象鮮明深刻，似乎是不太可信的。但是，隨著

綜合運動全腦進行學習、記憶和思維

不斷的努力，至少在一定的限度內，你那敏銳的眼睛就能看得越來越清楚。特別是當你的意念堅定不移的相信這一點時，它就一定能夠實現。

透過訓練開闊視野的幅度

擴大視野訓練法，是能開擴我們視野幅度的訓練。根據下面將介紹的五種訓練，能使視野開闊，促進視神經發達及活性化。只要經過充分的訓練，一頁書的內容就可以一眼瞥見並記住了。

擴大視野的具體訓練法如下：

（1）視點左右移動法

1. 背伸直坐，用丹田呼吸。丹田呼吸法在訓練中貫徹始終。

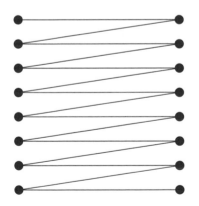

視點左右移動法訓練所用的圖形

2. 鼻樑對著左右黑點的中間，練圖保持約 30 ～ 40 公分的距離。

3. 讓視點敏捷的從左向右移動，反覆進行。眼球的運動盡量輕快。

4. 訓練時間一分鐘。在此期間，讓視點的左右移動盡可能快的反覆進行。

5. 訓練中，由於視點移動的影響，臉部也容易左右運動。應盡量保持臉部不動。

（2）視點上下逆向移動法

1. 背伸直坐，用丹田呼吸。丹田呼吸法在訓練中貫徹始終。

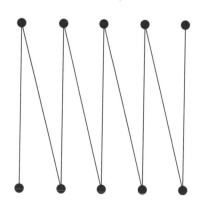

視點上下逆向移動訓練所用的圖形

2. 鼻樑對著訓練圖的中央，與訓練圖的距離約30～40公分。

3. 上視點從上向下敏捷的移動，反覆進行。眼球的運動盡量輕快。

4. 訓練時間一分鐘。在此期間，讓視點的上下移動盡可能快的反覆進行。

5. 勿受視點移動的影響，臉部應盡量保持不動。

（3）視點對角線上下、左右移動法

下面是左右移動法和上下逆行移動法的混合訓練。由於增加了傾斜的視點訓練，要注意讓眼球轉動時的圓滑性。

1. 背伸直坐，用丹田呼吸。訓練中，丹田呼吸法須貫徹始終。

2. 鼻樑對著訓練圖中央，與訓練圖的距離約30～40公分。

3. 從訓練圖的右上開始，讓視點按箭頭所示，做快速的上下運動和對角線運動。

4. 讓眼球的運動盡量輕快。注意不要讓臉部也隨之而上下振動、擺動。

5. 訓練時間一分鐘。在此期間，讓視點的移動盡可能快的反覆進行。

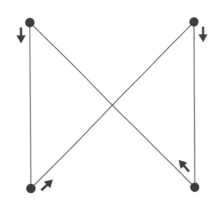

視點對角線上下、左右移動訓練所用的圖形

（4）視點書頁聯結法

這種訓練的視點移動是隨著從右頁至左頁連續產生的波形曲線而進行的。它囊括了前三種訓練的要領。

波形曲線實際上就是速讀時視點的基本運動形式。一旦達到高超的境界，看一頁書時的實現移動，可能僅僅是從右上角至左下角一掠而過。

具體的訓練法方法如下：

1.背伸直坐，用丹田呼吸。訓練中，丹田呼吸須貫徹始終。

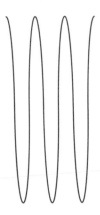

視點書頁聯結訓練所用的圖形

2. 鼻樑對訓練圖中間，與訓練圖距離約 30 ～ 40 公分。

3. 視點從訓練圖的右上開始，跟從波形曲線移動。

4. 眼球的運動盡量要靈活圓潤。翻頁時，頭部不要動。

5. 訓練時間一分鐘。在此期間，盡量快速反覆訓練。

（5）視點圓形移動法

這一訓練，具有既使眼球的運動靈活，又能消除

眼肌的疲勞。

　　具體的訓練方法如下：

　　1. 背伸直坐，用丹田呼吸。訓練中，丹田呼吸法須貫徹始終。

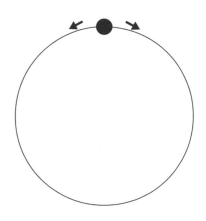

視點圓形移動訓練所用的圖形

　　2. 鼻樑對著訓練圖中央，與訓練圖距離約 30 ～ 40 公分。

　　3. 從訓練圖上方的黑點開始，循圓依順時針方向移動視點。訓練時間二十秒鐘。此間，視點移動盡量快速。

　　4. 接著，從同樣的黑點開始，向反時針方向移動視點。訓練時間仍為二十秒鐘。

5. 閉上雙目，讓頭腦中浮現出訓練圖。仍照 3.、
4. 的程序，閉目做視點的圓形移動。訓練時間各為十
秒鐘。

綜合運動全腦進行學習、記憶和思維

多種感知覺參與的
多通道記憶法效果更好

　　要記憶外部訊息，必先接受這些訊息，而接受訊息的「通道」不止一條，有視覺、聽覺、動覺、觸覺等等。有多種感知覺參與的記憶，叫做「多通道」記憶。這種記憶方法效果比單通道記憶強得多。

　　古書《學記》中有這樣一句話：「學無當於五官，五官不得不治。」意思是說，學習和記憶如果不能動員五官參加活動，那就學不好，也記不住。這說明，遠在二千年前，我國古代人就已經意識到讀書學習要用眼看，用耳聽，用口念，用手寫，用腦子想，這樣才能增強記憶效果。

　　宋代學者朱熹說，讀書要三到：「謂心到、眼到、口到。心不在此，則眼不看仔細，心眼既不專一，卻只慢朗誦讀，絕不能記，記亦不能久也。三到之中，心到最急，心既到矣，眼、口豈不到乎。」

　　現代科學研究證明，人從視覺獲得的知識，能夠記住 25%，從聽覺獲得的知識能夠記住 15%，若把視

覺與聽覺結合起來，能夠記住百分之 65%。

有位老師曾經用三種方法讓三組同學記住十張畫的內容。

對第一組同學，他只是告訴說畫上畫了些什麼，並不給他們看這些畫。也就是說，這組同學只是聽，沒有看。

對第二組同學正好相反。老師只給他們看這十張畫，可是不再給他講每張畫畫了些什麼。也就是說這組同學只是看，沒有聽。

對第三組同學是又讓聽又讓看。老師不但告訴他們畫的內容，而且在講每張畫的內容的同時，就給他們看那張畫。

過了一段時間，老師分別問這三組同學記住了多少畫的內容。結果，第一組記住的最少，只有 60%；第二組稍多，記住了 70%；第三組記住最多，達到百分之 86%！這說明，只聽不看的同學記得最少，而兩種感覺器官並用，記憶效果就比只用其中一種好得多。如果把所有的感覺器官一齊調動起來，記憶效果就更好了。

多通道記憶法動員腦的各部位協同合作，來接收和處理訊息。這種方法在掌握各種語言文字的過程中

效果顯著。因為不論哪一種語言，學習目的總是為了讀、寫、聽、說，這四種能力恰恰涉及訊息輸入和輸出的四種不同的通道。因此，在學習語文、外語等課程時，最好採用多通道記憶法。

新聞記者在新聞採訪中，為了抓住訊息，往往是動腦動手，聽、說、寫並用，採用多通道記憶方法。在日常生活中，要記住一段比較長的話語，最好是邊聽邊記。有人說：「好記性不如爛筆頭」，強調的就是「眼過千遍，不如手寫一遍」，說明了動筆對於記憶的重要。

因此，在掌握各種語言文字或是接收處理語言訊息之時，應盡可能運用多通道記憶法：邊聽邊積極思維，在關鍵的地方，扼要的記上幾個字或幾句話；如果可能，可以在嘴裡重複一下關鍵的句子和詞彙。

要有意識的促進右腦的活性化

　　心理學家發現，右腦能夠進行快速、大量的記憶。透過眼睛和耳朵盡可能快而多的獲取訊息，這樣就能夠促進右腦的活性化。速讀和速聽都是有效的方式。速聽就是用平常的 2 ～ 4 倍的速度來聽。用這種方法來聽英語故事或單字，能夠讓你在短時間內迅速記住大量訊息。

　　快速視、聽、讀是一種三位一體的訓練方法，即一邊用眼睛快速的看教材，一邊聽以倍速播放的 CD，努力跟著 CD 播放的速度來看書。這種方法能夠提高腦神經細胞間的電流速度，所以訊息的傳遞也會變快。這樣，大腦的運轉變快了，思考速度和記憶速度也都會變快。

　　每天用三十分鐘練習速視和速聽，甚至還能夠開發出右腦的另一種神祕的機能，即 ESP 機能（extra sensual perception，超感覺），它能夠使人具有預知能力。

　　右腦的意識速度是左腦的一百萬倍，所以，用左

腦讀書一分鐘能夠看 400 ～ 600 字，而用右腦速讀則能用一分鐘看完一本書，甚至能夠把書中的內容從第一個詞到最後一個句一模一樣的寫出來。

右腦的意識速度是無限的，所以有些人預測能力非常強。為什麼他們有這種能力呢？這是因為速視和速聽使以前低速活動的腦神經細胞突然變得敏感起來了，與視覺和聽覺有關的神經細胞受到劇烈刺激後就會在細胞間引起一系列連鎖反應，有效的加速了其他部分神經細胞的活動，擴大了大腦整體的容量，最終促使大腦完全活動起來。這樣，能力就得到了驚人的提高。

低速的訊息接收雖然不能夠超出低速記憶圈的範圍傳遞訊息，但是如果想要以超快速接收訊息，就有可能越過記憶圈的壁壘，將訊息傳遞到快速記憶圈。這一部分屬於 97% 未開發的大腦領域，它具有快速自動處理機能，能夠超快速的記憶訊息、找出訊息間的規律性，進行加工和創造性的輸出。這一部分還具有直覺、靈感、創造性和預見性等能力。

右腦根據圖像來加工訊息，所以，處理訊息的方法和左腦完全不同。如果你的右腦能夠發揮作用，你就能夠擁有一個「超級大腦」。

速視和速聽能夠開發右腦的記憶，這種記憶能夠使你過目不忘，以後無論何時，都能夠原封不動的想起來，它是完全記憶和圖像記憶。有了這種記憶，你就能用一分鐘看完五十張卡片後，寫出哪張卡片上有哪幅圖；或是快速看了一遍一頁書後，能夠按照內容絲毫不差的寫出來。

　　左腦的語言記憶是很容易忘卻的，但是右腦的圖像記憶能夠讓你過目不忘，並且以後隨時能夠想起那些圖片。這是一種特殊的能力。經常的訓練快速的看、聽、讀，對開發這種能力非常有幫助。

聽覺刺激是能力開發最重要的工具

我們的大腦的構造是：聲音透過聽覺區到達大腦的深層部分，神經回路打開。耳朵的能力和振動音一直為很多人所忽視。但事實上，它們是能力開發最重要的工具。

人們相信聲音療法能夠恢復聽力、治癒自閉症和癲癇。這種療法其實正是強調了聽的重要性。最近有很多研究都在進行，比如聽聲音治療疾病和弱聽，用聲音療法提高記憶力等等。

朗讀時聲音的振動能夠轉化為大腦的運動。生物發出的聲音一般都是向外發送的，但是朗讀和背誦時，它所產生的振動音能夠與大腦深層部分發生共鳴，從而在大腦深處引起變化。

間腦（丘腦和下丘腦）處於大腦的深層部分，這裡集中了所有的神經，它還控制著所有內分泌腺。當我們朗讀時，間腦就集中能量變得很寬大，產生新的突觸並打開新的回路。這時，也就打開了最深層的間腦記憶回路。

音樂、朗讀和背誦是引發「無意識的力量」。無意識存在於大腦的深處。一般的時候，只有大腦的表層意識在工作，處於深層大腦的無意識受到了壓抑。所以，無意識的力量不能夠自由的發揮出來。但是，無意識中隱藏著巨大的力量。過目不忘，或是能夠創造出充滿感性的優秀作品，都是無意識的功勞。

　　引發無意識的力量有很多方法，聽覺刺激是其中比較容易的一種。古典音樂刺激又是聽覺刺激裡的一種方法。雖然音樂分為很多種，但是古典音樂更適合進行聽覺刺激。

　　不光是音樂，朗讀和背誦也都能夠引發無意識。大量反覆的朗讀，能夠讓你在不知不覺中進入無我狀態，注意力完全集中，意識達到統一，無意識的回路打開，這就是大腦的祕密。

　　科學家們曾提出一種與大腦的使用方法有關的大腦生理學知識──抑制理論：當大腦的回路集中於某一事物上時，其他刺激便不能傳達到大腦皮層裡。因為感覺神經回路中的突觸（神經之間的連接點）阻止了訊息的傳遞。從大腦皮層到腦幹的毛狀體之間的神經回路負責完成這種傳遞抑制。

　　大腦裡有一種神經回路，具有傳達意識的辨別性

感覺。當我們一直朗讀或默讀時，剩下的只是一些只傳遞聲音的回路，其他的視覺、觸覺、嗅覺、時間或空間等所有的感覺都被掩蓋了，這就是抑制的作用。

打開無意識深處的神經回路是大腦的一個祕密工作，這時透過大腦的淺層顳葉，傳達到海馬（大腦舊皮層）中與記憶有關的部分中去，聽覺刺激就是這樣打開大腦回路的。

不考慮意思、單純大量背誦是重要的一件事。當你思考所背誦內容的意義時你就開始使用你的左腦了。如果你只是背，這時你的精神非常集中，聽覺區開始興奮，而語言區等其他區域的興奮被抑制住了。當精神集中於一點時，以前到腦中各自興奮的不同區域現在就都集中到了這個點上，這時聽覺區出現最大的腦電波，在它的周圍又有類型相似的波出現。最終所有相似類型的興奮擴散開來形成一個整體，其中有一個中心。

這是大腦的單純化，也是意識的單純化。集中精神可以使大腦的一部分神經興奮起來，抑制周圍神經細胞活動。這是大腦生理學中的一個原理。

大腦的單純化狀態是指左腦和右腦的腦電波結合成為一個半球槽，進入一種叫做「變性意識」的狀態。

處於這種狀態時，圖像能夠鮮明的浮現在腦海裡。這種狀態對學習語言非常有幫助。這時，我們收集訊息時甚至可以只看一眼。看一眼就能夠記住50個單字，看一眼記住100個單字也會變得一樣容易，記住1500個單字甚至不需要一個星期，而且你已經記住的單字不只能夠儲存在語言腦——左腦的海馬（記憶中樞）中，還可以存儲在圖像腦——右腦的海馬裡。大腦的訊息處理能力就和以前完全不同了。

聽古典音樂為什麼會使腦子變聰明呢？因為在耳朵中的高頻率區有聲音響起時，腦內神經會變得更加發達，從而你就會變得「頭腦清晰」，並且對音階、和聲的分析統籌能力以及判斷力都會變得更好。振動音的作用是：發揮耳朵的全部能力，讓大腦內充滿能量，打開一直封閉著的右腦大門。

使用右腦學習，能夠充分發揮大腦內的力量，將訊息直接傳送到右腦潛意識中，形成圖像記憶。因此，它能夠幫助我們用右腦學習，取得的成績也與平常不用右腦時大不相同。

完整的聽取聲音訊號是
語言學習的基礎

　　語言不是用眼睛，而是用耳朵來學的東西。我們要明白：說出某種語言是有關聽覺的問題。如果以學習某種學問的態度來學習語言，就不能真正的掌握它，因為它是一個純粹的聽覺系統的問題。

　　各國語言在說的時候，會產生不同的音域頻率。耳朵的結構使它不能接受其他外來語言的頻率，所以耳朵對其他的語言是封閉起來的，不能聽也就不會說，聽覺系統就是這麼回事。如果你不能理解這一點，你就學不好語言。

　　怎樣才能打開平時對其他語言封閉著的耳朵，讓它具有聽懂那種語言的敏銳性呢？如果不能正確的解讀聲音訊號，就不能把這些訊號同化到談話中去。所以，我們需要大腦來工作，使它吸收聽到的詞語，予以解碼以及進行再現。

　　完整的聽取聲音訊號，是語言學習中最重要的一個環節，也是基礎。這一點在學校的英語學習中是體

會不到的，所以很多人往往學了十年英語還聽不懂，不會說。

正確的聽懂就容易再現。要想說好外語，就必須去感受說這種語言的人們的聽覺世界，並爭取在最短的時間內瞭解他們的語言、聲音、語法和心理。語言的理解一定要動員感知器官——即聽覺器官及與它相連的所有神經組織等。

學習語言就是打造出一副新的耳朵來。這是一個關於耳朵的問題，所以，不能僅僅使用需要用眼睛來讀的教材，因爲它沒有用上你的耳朵。語言的學習不僅和知識（左腦）有關係，不僅需要讀鉛字，更要大量的聽。

要學好英語，最好的方法，就是每天多聽聽 CD 或 MP3。如果你經常沉浸在英語的聲音中，只需三個月，你會在某一天突然發現自己能夠清楚的聽懂英語了。這是因爲，世界上的各種語言都有其特殊的聲音的頻率。如果本國語言頻率大約在 1500 赫茲以下，那麼耳朵就很難捕捉 1500 赫茲以上的聲音，它們只是作爲雜音從耳朵旁溜過去了。

人們學不好英語不是因爲腦子笨，純粹是因爲聽覺。只要能夠持續連續聽英語 CD 三個月，打破聲音

的壁壘，就一定能夠聽懂英語的聲音。

　　「深層聽覺（Deep Listening）」是多摩大學校長格里高利・克拉克所主張的一種聽的方法。克拉克在二三十歲時學習了中文、俄語和日語，他認為學習語言最有效的方法就是「深層聽覺」法。它的做法是：一邊聽英語CD，一邊把聽到的東西正確的寫下來；把聽了很多遍都聽不懂的內容，擱在一邊；等全部寫完後，再根據教材檢查一下那些怎麼也聽不懂的地方，這樣就能夠提高英語的聽力。

　　克拉克說，「深層聽覺學習法」不是用有意識的大腦來學習，而是用無意識狀態中的大腦來學習。深層聽覺法為什麼是一種無意識學習法（也就是右腦學習法）呢？淺層聽覺學習還停留在左腦學習的階段，而深層聽覺是反覆不斷的聽同樣的內容，它和「只管背誦」法使用的是同樣一種意識，即無意識。這種方法能夠超過顳葉記憶回路的範圍，把訊息傳遞到海馬記憶回路裡去。

　　克拉克根據自己學習外語的經驗總結出一個規律：外語是一種暗號，破譯這個暗號最簡單的方法就是拚命的聽。他從22歲開始學中文。那時候，他的方法是來回不斷的聽一片五分鐘的中文CD。

要想掌握一門外語的節奏和感覺，最重要的方法之一，就是深層聽覺法，它的原理就是「只要功夫深，鐵杵磨成針」。朗讀或「深層聽覺法」，能夠讓你領會一門外語的精髓。反覆和持續，則能夠讓你逐漸習慣這種語言的節奏。這樣，你就能真正掌握這門外語的節奏，這時才有聽、說的可能。

　　深層聽覺法中有幾個需要注意的地方。第一是聽音的障礙。深層聽覺法需要每天認真持續，起碼要持續三個月。

　　三個月以後，你會在某一天突然發現聽音的障礙已經消失了，自己已經能夠聽懂英語了。很多人都有過這樣奇妙的體驗：以前怎麼聽也聽不懂電視上的英語新聞，可是有一天，不知怎的突然就聽懂了，這是與人的聽覺結構有關的問題。

　　人剛出生還是嬰兒時，能夠聽見 160~20000 赫茲音域內所有的聲音，對自己聽不慣的聲音就設下關卡，不讓它們進入耳朵。

　　耳朵適應這些本來聽不慣的聲音只需要三個月，這就是為什麼各國語言的發音都不一樣的緣故。因為音域完全不同，所以聽不懂別的語言，自然也就不會說了。

要記住，在很大程度上可以說，學習語言純粹是聽覺上的問題。透過學習文法來學習外語是左腦的思維方式，它不能讓你真正的學會外語。

持續朗讀和背誦能增進記憶力

　　我們知道，人常常在看書和學習中甚至是休閒時會經常背誦一些名篇、成語、佳句、詩歌短文、數理公式、外文單字和技術要領知識嗎？那可是鍛鍊記憶力的「硬功夫」呀！

　　就是用不熟練的外文背誦詩歌，鍛鍊自己的記憶力的。每天持續十至二十分鐘的背誦，也能增進記憶力。

　　每天的朗讀對英語學習是很重要的。每天讀課本時要發出聲音，爭取能夠背下來。持續這樣努力下去，記憶力就一定會發生變化。過了三個月，你會突然發現一條和以前在不相同的記憶回路打開了。

　　讓我們從大腦生理學的角度來看一下這個現象。大腦的表層腦中存在著淺層能力回路和學習回路，深層腦中存在著深層回路和學習回路。人們一般使用的是淺層能力回路和學習回路，深層腦中的能力回路和學習回路一直被關閉著。可以說，產生這種現象的一個原因是由於人們不知如何打開深層能力回路和學習

回路的方法吧！

　　大腦細胞受到刺激以後就開始成長。當受到新刺激時，從腦細胞中會伸出新的軸索（芽）和周圍已經存在的芽連接到一起，這樣就打開了新的神經回路。反覆和持續是打開優質回路的必要條件。每天的重複次數越多，回路就會變得越寬，從而形成一種優質傳遞回路。聽的訓練也是如此：每天聽的越多，打開的說話回路就越好、越寬。如果持續每天進行三十分鐘朗讀練習，你以後說的英語就能夠和你現在讀的時候的節奏、聲調和速度非常接近。你有沒有想過要想能夠說出英語，有必要參加英語會話培訓班呢？其實沒有必要。持續每天朗讀，最終你就能說出英語來。

　　朗讀中的背誦效果如下：

　　一是每天出聲朗讀英語，英語的節奏就會逐漸滲透到你的身體深處。只有練習朗讀，才能夠掌握英語的節奏，聽和說才成為可能。

　　二是每天出聲朗讀，也是一種說的練習，它能夠培養你的「英語腦」，使你能夠按照朗讀時的節奏和速度說出英語來。

　　三是不斷練習朗讀，你會在某個時刻發現自己已經打開了完全不同的新的超記憶回路。然後你就會擁

有超級記憶力。

這就是外語學習的一大祕訣。打開超記憶回路的鑰匙，實際上就是每天朗讀，一天也不要漏掉。請你記住：持續每天大聲朗讀就能夠打開超記憶回路，一旦這個回路打開了，你的能力就會發生變化。超記憶回路不是表層腦中的淺層能力回路和學習回路，而是深層腦中的能力回路和學習回路。

現在有很多英語學習方法都是以譯讀為中心，或是以理解為中心，這些方法都只是開發了表層腦中的回路。只要能夠持續使用以朗讀和背誦為中心的學習方法，任何人都能輕鬆學會英語。

語速正確與否表現在音、意的結合速度上。人們在運用熟練的語言進行交際時，通常是聽完或讀完一組音，立刻就能明白它的意思。音和意在人腦中是適時的結合在一起的，基本上是同步的。如果出現了音、意分離現象，那麼這組音就不再具有語言的性質，而成為一種普通的自然聲音或稱非語音，從而也就否定了語言本身，阻礙了正常的理解。然而這種音、意分離否定語言的現象，在外語學習中是極為普遍的。此外，人們在進行交談時，不僅聽其音、明其意，而且還動於情。一個人在閱讀文章資料內容或學習任何

學科的知識時，都會根據語言所表達的內容產生相應的情感，表示出一定的態度，這些統稱為言語的情態反應。每一句作用於人腦的話語都會使大腦同時產生相應的意義訊息和情感訊息。這就是語言的交際功能（表意功能和表情功能）在人腦中的反映。然而一些人在學習外語時，卻一反常態，對所學的外語詞、句，幾乎是「麻木不仁」、「無動於衷」的，產生不出相應的情感。該樂的，笑不起來；該哭的，掉不出淚來。這是外語學習的「無情狀態」。外語學習中的這種無音、無意、無速、無情「四無狀態」，對迅速掌握外語是極為不利的。

　　要想迅速掌握一門外語，應該努力設法變「四無」為「四到」，即音到、意到、速到、情到，使外語學習盡量接近於交際的實際。特別是在學習的初級階段，應該把學習的重點放在「音」上，功夫下在「嘴」上，精力側重在言語的訓練和掌握上。

透過對聽覺的訓練來提高記憶力

　　如果一個人聽得見所有的聲響，就必然能聽得準確嗎？他是不是一直都在用心聽呢？他是不是用心去區分了聲音的語調、特性和方向了呢？顯然，在這方面，天賦的不同和所受教育的不同會帶來差別；而且，教育確實起到了很大的作用。因此，對於耳朵的訓練──發掘聽覺潛在的能力，其價值是顯而易見的。

　　想要更好的去聆聽，就需要排除一些干擾聲音，同時以極大的興趣去接受某種聲音、和弦或者音樂。所有這一切，其實，都取決於人的精神的投入。一個神經活躍、敏銳的人能聽得到所有的聲響；而一個愚鈍麻木的人幾乎什麼都聽不見。

　　大家都知道盲人的聽覺是十分敏銳的，可能正如心理學博士海特菲爾特所說：「並不是因為他們的聽力比我們要好，而是因為他們的不幸使他們不斷訓練自己的聽力，事實上我們任何一種機能在經過訓練後都會有顯著的進步。」

　　下面這一練習的目的，是為了透過對聽覺的訓

練，來培養你的記憶力。

訓練的方法和步驟如下：

（1）聆聽多種聲音

你在注意傾聽的時候，能聽到多少種聲音？數一下。認真去聽！試著去區分它們不同的方向，不同的聲源，不同的聲調，不同的強度，不同的特性，不同的組合。

用十天的時間來重複這一練習，其間休息兩天。在第十天，看一下你所取得的進步。

（2）傾聽一種聲音

挑出一種比較明顯的聲響，仔細傾聽，看你能對它作出多詳盡的描述。

每一天重複這一練習十次，再換一種聲音。每天都重複這些練習，持續十天，其間休息兩天。在第十天，注意一下你所取得的進步。

（3）關注最微弱的聲音

挑出一種你一直能聽到的最微弱的聲音。在這個過程中，試著找出一些你之前未曾注意到的某些規律。注意一下你能對它作出的所有描述。

每一天重複這一練習十次，再換一種聲音為目標。每天都重複這些練習，持續十天，其間休息兩天。

在第十天，看一下你所取得的進步。

（4）感受熟悉的聲音

挑出一種有規律的、你經常可以聽見的聲音。只注意留心這一種聲響。沉浸在這種聲音中，專心致志的傾聽。注意它有多少值得描述的特徵。

每一天重複這一練習十次，再換一種聲音為目標。每天都重複這些練習，持續十天，其間休息兩天。在第十天，看一下你所取得的進步。

（5）欣賞愉悅的聲音

挑出一種你一直聽得到的、同時最令你愉悅的聲音。想一想它如此美妙動聽的理由。注意不要陷入夢幻中！

每一天重複這一練習十次，再換一種聲音為目標。每天都重複這些練習，持續十天，其間休息兩天。在第十天，看一下你所取得的進步。

（6）練習記憶樂曲的旋律

從網上下載一段鋼琴或其他樂器演奏的旋律。然後，試著完全憑藉記憶在腦海中回顧一下這段旋律。你可能只能記起一兩個音符，而忘記了大部分。然而，如果你持續這樣的練習，漸漸的，你就能將一開始所遺忘的曲調在腦海中復原。讓這個練習成為你經常性

的功課。

不要在練習中因為困難而失去信心。你付出的努力越多，收穫就會越多。

（7）激發敏銳的注意力

當周圍的一切寂靜無聲時，右手拿一隻手錶並張開手臂，使手錶距離右耳一臂之遠。你聽見「滴答」聲了嗎？沒有？慢慢的將手錶移近你的耳朵，直到你聽見為止。注意你開始聽到滴答聲的距離。記下結果，並且注上練習的日期。每天可重複十次。

每天都重複這一練習，持續十天，並作適當的休息。在第十天，看一下你所取得的進步。

在這十天中，對左耳也重複同樣的練習，詳細記錄下練習的結果。

（8）與令人不快的噪音作抗爭

也許在你的生活中有某些聲響無休止的傳入你的耳朵，搞得你幾近崩潰，到了神經衰弱或癲瘋的邊緣。你那親愛的鄰居家連續幾個小時都不停息的鋼琴聲，他那隻愛犬整夜的狂叫聲，以及街頭小販此起彼伏的叫賣聲，都是現代社會中惹人心煩的噪音。如果可能的話，你可以設法讓這些聲音停下來；如果不行，那就下定決心將它們隔在心門之外。

千萬不要以傾聽的方式來與令人不快的噪音作抗爭。選出一種特別令你討厭而又時常侵擾你的聲音，讓它成為你一天中的練習對象。現在，憑著你的意志力以及巨大的努力將注意力轉移到其他的聲音上，從而將你希望驅逐出去的那種噪聲關閉在你的意識之外。

讓這一努力持續五分鐘。不要灰心喪氣。你可以排除它的，只要你下定決心去做。五分鐘以後，休息一下，不要再去注意那些聲音了。然後重複練習，這一次你可以持續這一練習十分鐘。總共用半個小時來進行這一練習。而每次都將隔離噪音的時間延長幾分鐘，中間稍作休息，讓注意力轉移到其他事物上。

改變一下你排除噪音的方式，努力將注意力集中在一些美好的想法上。

不要老想著把一種聲音隔離在耳朵外面。讓自己有意識完全的沉醉於另一種聲音或其他念頭中。重複這一練習，直到你能夠控制這一切。

努力提高氣味的辨別技巧

　　德國思想家洪堡聲稱，祕魯籍的印度人可以在漆黑的夜裡分辨出非常遠的陌生人是印度人、歐洲人還是黑人。撒哈拉沙摸的阿拉伯人可以透過嗅覺來辨別出40里外的火堆。人的嗅覺潛力是何其巨大！

　　有專家指出，嗅覺能形成一個人記憶中最強有力的部分，但是它顯然被嚴重忽略了。當被忽略的器官得到完善時，思維能力能夠得到極大的鍛鍊。

　　嗅覺能力可以像其他所有的能力一樣加以培養。這可以從大獵犬的例子中得到印證：在這一目標的指引下，經過特殊的訓練，敏銳的嗅覺就會擁有無與倫比的能耐。那些經營茶葉、咖啡、香水、葡萄酒以及黃油的人，也常常可以在他們的行業中培養出驚人的嗅覺能力。然而，大部分人的嗅覺得到的鍛鍊是很少的。

　　實際上，根據霍姆斯的發現，嗅覺能形成一個人記憶中最強有力的部分。透過下面的訓練，可以提高氣味的辨別技巧，進而間接提高你的記憶能力。

（1）一種氣味的熟悉訓練

採一種芳香的花朵，仔細的聞它。在房間裡行走一會，遠離花朵。這時回憶其氣味是什麼樣的，有多強。摘取一種不同香味的花朵，來重複這一練習。務必注意讓鼻孔有充分的休息，否則，對氣味的感覺就會混淆在一起了。

每天進行一次這樣的練習，至少十天，其間休息兩天。最好能持續下去，直到你確定無疑的感覺到嗅覺敏銳性提高了，大腦描繪嗅覺或氣味的能力也增強了。在第十天的時候，看看你所取得的進步。

（2）兩種氣味的對比訓練

摘取兩種不同的花朵。聞其中一朵花的香味，然後再聞另一朵。這時，努力的回憶前一種香味，然後再回憶後一種花的香味。然後試著對兩種花的香味進行比較，注意兩者的區別。

每天重複這一練習，持續十天。在第十天的時候，注意嗅覺有所改善的情況。

（3）多種氣味的識別訓練

端正的坐著，緩緩的吸氣，試著去一一指出所覺察到的所有氣味。真的有這種氣味嗎？它從哪來的？讓你的朋友在房間裡藏一些有香味的物品—— 一些

桃子或是一瓶打開的香水。最好你是在另外一個房間裡，這樣你就不知道所藏的東西及其位置了。

走進這一房間，並努力依靠嗅覺來找出這一物品。注意必須把所有其他氣味濃烈的物品清除出這一房間。每天練習持續十天，在第十天的時候，注意嗅覺有沒有改善。

（4）氣味識別能力提高訓練

讓你的朋友在手上拿著一件芬芳的或者是有香味的物品而不要讓你知道是什麼，他拿著這一物品離你有一定的距離，兩手放在一起握緊它，然後逐漸的靠近你，越來越近，直至你能覺察到香味為止。注意一下你透過嗅覺覺察到該物品時距離它有多遠。你能夠說出這種氣味嗎？你能夠說出是什麼物品嗎？重複這一練習並有間斷性的休息一會，用不同的「可以聞得出來」的物品，來反覆進行這一練習。

你有沒有發覺某些香味相對於其他的香味需要在更短的距離時才能覺察出來？這是因為香味的濃烈程度不同的緣故，還是由於香味本身的特性所致？

每天重複這一練習，持續十天，其間休息兩天。在第十天的時候，注意嗅覺有所改善的情況。

（5）自由的想像訓練

在你的生活中養成想像花園、田野或樹林中令人愉悅的香味的習慣，透過真實而有力的思想來進行想像。比如：新割的草——美妙的詩；剛翻過的土地——世界上富裕的生活；花朵——大地上美麗的景色。這種習慣將為你開啓新的世界，培養積極的注意力，從而會逐步在你的生活中創造出更強大的記憶力。

把自己的觸覺訓練得更好

觸覺是皮膚對刺激的真實感受，是我們最熟悉的感覺之一。實驗證明，皮膚上的某些點，對於冰冷物體的刺激特別敏感；而另一些點，則對熱的物體特別敏感。我們平常對於冷暖的感覺，就取決於這樣兩類點受到複雜刺激後的綜合感受。皮膚上還有別的一些點，分散在其他點之間。如果它們單獨的受到刺激，就會使我們產生接觸感或壓力感。但由於皮膚受到刺激的時候，還會明顯的伴隨著其他器官的刺激，於是，就產生了複雜的感覺，使我們對堅硬或柔軟、粗糙或光滑、乾燥或滋潤的種種物體能有所體驗。

諾亞‧波特說：「就感覺能力的性質而言，觸覺是所有感覺中最可信任的。從很多方面來說，它都值得被推崇為最重要的感覺。」

狄摩西尼則指出：「所有的感覺，都是觸覺的延伸。」

為了改善注意力，好好訓練自己的觸覺是非常有必要的。如下訓練方法和建議可供參考：

（1）敏感度、感覺的豐富程度訓練

輕輕的讓右手各個手指的指尖移過一個沒有覆蓋物的平面。先是粗糙的平面，然後再是光滑的平面。注意一下，經過粗糙平面與光滑平面時的感覺有什麼不同。這需要很用心的去感受，因為這種區別是多種多樣的。

在幾個粗糙的平面和光滑的平面上重複這一練習。注意一下其中一隻手的感覺是否比另一隻手的感覺更為強烈。

現在，用布料來重複這一實驗——亞麻布、棉布、羊毛織品、絲綢。每一種質料給你的感覺都是不同的。

在練習中，注意比較兩塊不同的布料給你的不同感受。

用幾種不同的布料一一對應來繼續這一練習。一隻手練習完一遍後，換另一隻手重複練習。

絲綢給你的主要感覺是什麼？棉布呢？羊毛織品呢？亞麻布呢？除了對各種布料的觸覺外，還有什麼其他感受嗎？如果有的話，是舒服的感覺，還是不舒服的感覺？如果覺得不舒服，持續接觸各種各樣的布料，直到你能控制住這種不舒服的感覺。這是可以做

➡ 綜合運動全腦進行學習、記憶和思維

到的，做服飾買賣的人就能證實這一點。

　　每天都重複所有上述的練習，持續十天。在第十天，注意一下你在觸覺方面——敏感度、感覺的豐富程度等等方面所取得的進步。

（2）感覺區別能力方面的訓練

　　輕輕的觸摸沒有覆蓋物的桌面，讓每一隻手的手指都一個接一個的碰觸桌面。這樣做時，注意一下你的手所能保持的穩定性。

　　現在重複這一練習，但是在每個手指觸摸時要施以強大的壓力。輕觸與重壓的感覺有什麼不同？

　　每天都重複這一練習，持續十天，其間作適當休息。在第十天，看看你在區別能力上取得的進步。

（3）觸覺、區別能力與注意力方面的訓練

　　抓起一樣非常輕的東西，比如一個橡膠球，在手中停留一瞬間就立即讓它落下。再緊緊的抓住它，然後馬上放開。

　　你的各個手指，能在最初的一瞬間就感覺到這個物體嗎？還是在第二次抓取的時候才感覺到呢？不要弄錯了。你留意到感覺上有什麼不同嗎？發現這一點，就需要集中注意力，漫不經心是不行的。

　　每天都重複這一練習，持續十天，其間作適當休

息，在第十天注意一下你在觸覺、區別能力與注意力方面所取得的進步。

（4）估算距離訓練

閉上眼睛，將幾樣東西隨意的分散放在桌上。仍然閉著眼睛，用右手輕輕的撫過這些物體，試著估算一下各個物體之間的距離。不要用手掌或手指作測量工具。然後，用左手重複這一試驗。考慮這樣一個問題：哪一隻手的估計更準確？

每天都重複這一練習，持續十天，其間作適當休息，在第十天注意一下你所取得的進步。

（5）實物類別判別

閉上你的眼睛，讓一位朋友將幾樣小東西一次一個的遞到你的身前，但你不要把它們抓在手中，而僅僅憑觸摸去感覺它們。現在，試著判斷一下它們都是什麼東西。例如：小洋蔥、小馬鈴薯、花的球莖、一片乾水泥、一塊石蠟；或者一些糖、沙子、胡椒粉、鹽等等。

每天都重複這一練習，持續十天，其間作適當休息。在第十天，注意一下你所取得的進步。

（6）重量判斷力訓練

取一些圓形的小物品過來，什麼質地的都可以，

比如木質的、鐵質的、只要它們的大小完全相同、但重量有少許差別即可。比如，有兩粒是 5 公克重的，兩粒是 8 公克重的，兩粒是 10 公克重的，以此類推，直到十二粒。

只在顆粒的一面貼上或是寫上它的重量。將它們雜亂無序的放在桌上，讓未作標記的一面朝上。

閉上眼睛，隨機抓起一粒，然後用同一隻手再抓一粒。憑感覺來判斷一下，這兩粒的重量是不是一樣的。每一次試驗，都估計一下所抓取的顆粒的重量。再換左手試一下。然後用兩手分別抓起一粒來，重複這一試驗。

多次重複上述的幾個試驗。每天都進行，持續十天，其間作適當休息。在第十天，注意一下你在判斷能力上所取得的進步。

(7) 形狀判斷力訓練

取二十四顆小的木質的仿水晶模型製品，從每一個上面切去一個約幾公分見方的方塊。將它們都散落在桌面上。閉上眼睛，抓起一顆放在手心，摸一摸感覺一下，在腦海中想像出它的樣子。特別注意它的面、線、角。現在睜開眼睛，看看想像中的樣子與現實的差別。

這個試驗會比較難，因為你對水晶模型的形狀不太熟悉，而只能靠觸摸來判斷。因而，為了減輕難度，你可以多看幾遍這些水晶模型，直到你能夠閉上眼睛將所觀察到的模型呈現在腦海中。

　　每天都重複這一練習，持續十天，其間作適當休息，在第十天看看你在判斷能力上所取得的進步。

▶ 綜合運動全腦進行學習、記憶和思維

理解是記憶的基礎，
聯想是記憶的關鍵

SUPER MEMORY The Most Efficient Reading Skill.

不管是哪方面的訊息，僅僅靠死記硬背都是枯燥和乏味的。

也許我們都曾有過這樣的體驗，要牢牢的記住單純的幾個詞或幾句話有時非常困難，很容易忘記。但如果在記憶這些詞和句子時，能看到相關的圖片或小故事，記憶起來就輕鬆多了，而且不容易忘記。

這證實了記憶的一個原理：有意義的知識是很容易記憶的。

對於那些看似沒有意義的詞句，就要充分發揮靈活的思維和豐富的聯想、想像能力了。

深入的理解是記憶的前提和基礎

人們常說，理解是記憶的第一步。在日常生活和工作中，經常有許多事物應該記住但卻沒有記住，其原因往往是由於只注意枝節，而忽略了對本質的理解所造成的。

美國第十六任總統林肯出身貧寒，小時候買不起書，只好去借。只要有人肯借給他，無論走多遠的路他也要去。借回來後反覆閱讀，直到完全理解和記住。靠著這種「閱讀—理解—記憶」的方法，林肯積累了大量知識。最後，他終於成為美國歷史上最優秀的總統之一。

由於理解是記憶的前提和基礎，因此，理解是最基本、最有效記憶的方法。正如格言所說：「若要記得，必先懂得」。日本教育界提倡的一句口號是：「要思考，不要死記硬背！」這裡所說的思考，首先也是指理解。捷克著名教育家誇美紐斯說：「學生首先應當學會理解事物，然後再去記憶他們。」「只有徹底的懂得，並且記憶了的東西，才能看作心裡的財產。」

既然理解對人的記憶這麼重要，那麼，我們在記憶活動中，就要努力學會和掌握這個記憶方法，只有理解了才能更容易於記憶。

在日常生活中，理解記憶的一般步驟是：

（1）瞭解大意

當你記憶某個事物的時候，首先要弄清它的大致內容。拿讀書來說，先要通讀或者瀏覽一遍。如果是記憶音樂，先要完整的聽一遍全曲。瞭解了全貌，才能對局部進行深刻的理解。這也就是「綜合」。

（2）局部分析

對事物有了大致瞭解後，就要逐步深入分析。比如，對一篇論文，要弄清它的論點論據，根據結構分成若干段落，逐一找出主要意思，也就是要找出「訊息點」，加以認真分析、思考，以達到能編製文章綱要的程度。

（3）尋找關鍵

也就是韓愈在他的《進學解》中所說的「提要鉤玄」。找到文章的要點、關鍵和難點，並弄明白，牢牢記住。只有在此基礎上，才能理解和記住其比較次要或者從屬的內容。進而，完整的掌握全部內容。

（4）融會貫通

就是將所理解和記住的各種局部內容，連結起來反覆思考，全面理解。這樣更有利於加深記憶。

（5）實踐運用

所學的東西，是否真正理解了，還要看在實踐中能否運用。如果應用到實際工作中就「卡住」，那就說明並未真正理解。真正的理解是有具體標準的：一是能夠用語言和文字解釋；一是會實際運用。在實際運用過程中，會繼續深化理解。

在我們對所學的知識進行理解時，應該充分利用這些分析和綜合的方法，以促進理解，提高記憶的效能。

採用有助於更有效的記憶的
閱讀方法

　　閱讀是人們獲得知識的一種最基本、最重要的途徑。閱讀可以增加我們的知識積累，開闊我們的視野，豐富我們的想像力，改善我們的思維品質，提升我們的創造能力；閱讀可以開啓我們的心靈之窗，塑造我們的靈魂，引導我們積極向上，涵養我們的精神；閱讀可以豐富我們的情感，使我們更富於人性，更懂得求真、爲善和審美；閱讀可以改變人的心境，增加人的生活情趣，使人生活得更加充實、更有意義。

　　閱讀可以增強人的智能主要在於兩個方面：一是知識是形成能力的基礎，而閱讀是獲得知識的主要途徑；二是閱讀過程始終伴隨著人的思維活動，透過閱讀，可以改善人的思維品質，促使人的思維能力的提高。蘇霍姆林斯基認爲，閱讀是智力和思維發展的源泉，透過大量的閱讀，人們可獲得大量的知識，打好智力基礎，乃至情感、審美基礎。他在《給教師的一百條建議》中說：「學生的學習越困難，他的腦力

活動中遇到的困難越多。他就越需要多閱讀，就像感光力弱的底片膠卷需要更長的感光時間一樣，成績差的學生，智力也需要更明亮和更長時間的科學知識之光來照耀。不是補習，不是識字一樣的督促，而是閱讀、閱讀、再閱讀。」

那麼，採用什麼樣的閱讀方法，才有助於更好的記憶呢？有學者總結了如下幾種方法：

（1）批注筆記法

批注筆記法就是在閱讀時將自己對文本內容的見解、質疑和心得體會等寫在書中的空白處。其形式有三種：一是「眉批」，即批在書頭上；二是「旁批」，即批在句子或一段話的旁邊；三是「尾批」，即批在一段話或整篇文章之後。

批注的內容主要有三個方面：一是註釋。讀書時遇到不認識的字、不理解的詞和不懂的概念，立刻查字典、翻資料內容將其弄清楚，並且註釋在旁邊。這樣，既能幫助理解，又有助於記憶，同時也為下次閱讀清除了障礙。二是批語。將閱讀過程中產生的各種感想、見解、疑問等寫在書的空白處。三是警語。對於文本中十分重要或再讀時需要注意的地方，標注上「注意」、「重要」等字樣，為今後閱讀提供幫助。

理解是記憶的基礎，聯想是記憶的關鍵

批注筆記法具有以下幾個作用：一是可以使人的思想高度集中，能夠提高閱讀效果；二是能夠使人從書中獲得更多的感悟，使人的思想水平得以提升；三是能夠提高分析、評價事物的能力；四是可以培養和提高表達自己思想的能力。

（2）符號標記法

用各種符號在書中重要的地方做標記，以便於應用時查閱和再閱讀時注意的一種閱讀方法。其要點是：在重要的句子下劃橫線；在重要的段落旁劃豎線；將關鍵性的詞或短語圈出來；在有疑惑處劃問號；在有感悟的地方劃驚歎號。

採用這種方法的好處是：便於應用時查找，有利於對重點內容的記憶，便於利用很少的時間對重點內容的再閱讀。

（3）強記閱讀法

這是一種側重記憶的閱讀方法。其要點是：

讀完文章後，立即回憶一遍主要內容，力求記住。重複閱讀同一內容時，每次間隔的時間應盡可能的長一些。記憶應盡可能準確。如果內容不太多，要盡量一次記住；如果內容較多，可以採取分段記憶法。

採用這種閱讀方法的好處是：能夠迅速的增加知

識積累，有利於能力的培養與提高。

（4）咬碎骨頭法

咬碎骨頭法就是對文本的內容進行反覆的琢磨、咀嚼，直到爛熟於心。

宋朝有個人叫陳正之，很想成爲一個大學問家。他讀書又快又多，但學到的東西卻很少，常常以此苦惱。一天，他路遇朱熹，便向朱熹請教讀書之道。朱熹針對他讀書的弱點勸他：「以後讀書，每次只讀五十個字，連讀它兩三百遍，每遍皆用腦思之。」陳正之用這個方法讀書，過了些日子，果然收效甚大，後來真的成爲一個大學問家。

「讀書千遍，其意自見。」採用這種閱讀方法的好處是：有利於對文章內容的消化和吸收，縮短知識向能力轉化的過程。

（5）五步閱讀法

五步閱讀法又稱 SQ3R 讀書法，是由美國衣阿華大學創用，後流行於英美等國的一種綜合性讀書法。

SQ3R 是英文「Surrey」（瀏覽）、「Question」（發問）、「Read」（閱讀）、「Recite」（複述）、「Review」（複習）五個詞首字母的縮寫。這種閱讀方法將閱讀過程分爲五個步驟：

理解是記憶的基礎，聯想是記憶的關鍵

1. 瀏覽。透過看前言、序跋、目次、內容摘要及正文中的大小標題、註釋、附錄等，概括的把書看一遍，從整體上對全書有個印象，明確書、文的重點和難點。

2. 發問。對書、文中的重點、難點之處進行閱讀，提出問題以備在深入閱讀中思考，尋求答案。

3. 閱讀。帶著所提問題，對書、文進行更深入詳細的閱讀，並作讀書筆記，以加深理解、增強記憶。

4. 複述。在閱讀理解的基礎上，對閱讀中所獲取的知識訊息進行回憶檢查，掌握重點，突破難點，以提高閱讀效果。

5. 複習。對閱讀過的內容，不斷的進行複習，以鞏固記憶，確保學習成效。

五步閱讀法符合感知、記憶與思維相連結的規律，因而是一種行之有效的讀書方法。

進行理解能力的測試和訓練

　　有學者提出了這樣的建議：一篇文章按照一分鐘盡量閱讀，可分幾次閱讀完，每分鐘閱讀後分兩種：採用閱讀後立刻背誦，記不住還可以查看；英語單字部分原樣照寫，看能寫對多少，並登記百分比；完成後再測驗理解程度。

　　訓練的要點是，在丹田呼吸下，緩慢的深呼吸進行閱讀，閱讀採用一分鐘為單元，答卷用一分鐘。

　　以閱讀和理解《萬紫千紅的花》一文為例：

　　花怎麼會有各種美麗鮮艷的色彩呢？這是由於花瓣的細胞液中存在著色素。有一些花的顏色是紅的、藍的或紫的。這些花裡含的色素叫「花青素」。花青素遇到酸就變紅，遇到鹼就變藍。

　　你可以拿一朵喇叭花來做實驗，把紅色的喇叭花泡在肥皂水裡，它很快就變成藍色，因為肥皂是鹼性的。再把這朵藍色的花泡到醋裡，它又重新變成紅色，因為醋是酸性的。

　　還有一些花的顏色是黃的、橙黃的、橙紅的。它

們的花瓣所含的色素叫「胡蘿蔔素」。胡蘿蔔素最初是在胡蘿蔔裡發現的，有六十多種。含有胡蘿蔔素的花也是五顏六色的。

白色的花含有什麼色素呢？白色的花什麼色素也沒有。它看來是白色的，那是因為花瓣裡充滿了小氣泡的緣故。你拿一朵白花來，用手捏一捏花瓣，把裡面的小氣泡擠掉，它就成為無色透明的了。

各種花含有的色素和酸鹼的濃度不一樣，隨著養分、水分、溫度等條件經常在變化，花的顏色就有深有淺，有濃有淡，有的還會變色。

會變色的花很多。例如紅喇叭花，它初開的時候是紅色，凋謝的時候就變成紫色了。杏花含苞的時候是紅色，花開以後逐漸變淡，最後幾乎變成白色了。最有趣的要數「弄色木芙蓉」。它的花初開是白色，第二天變成淺紅色，後來又變成深紅色，到花落的時候，又變成紫色了。這些變化看來很玄妙，其實都是花內色素隨著溫度和酸鹼的濃度變化形成的。

讀完了上面一文後，請立即回憶，看看自己記住了多少。

為了測驗自己理解了多少，請在一分鐘內，回答下面的問題：

1. 花怎麼會有各種美麗鮮艷的色彩呢？這是由於花瓣的（　）中存在著色素。

A. 孢子液　B. 細胞液　C. 組成液　D. 生長液

2. 有一些花的顏色是紅的、藍的或紫的，這些花裡含的色素叫（　）。

A.「花色素」　B.「花變素」　C.「花青素」　D.「花彩素」

3. 你可以拿一朵喇叭花來做實驗，把紅色的喇叭花泡在肥皂水裡，它很快就變成（　）。

A. 白色　B. 綠色　C. 黃色　D. 藍色。

4. 還有一些花的顏色是黃的、橙黃的、橙紅的，它們的花瓣含的色素叫（　）。

A.「紅蘿蔔素」　B.「胡蘿蔔素」　C.「青蘿蔔素」

D.「白蘿蔔素」

5. 白色的花含有什麼色素呢？白色的花什麼色素也沒有，它看來是白色的，那是因為花瓣裡充滿了（　）。

理解是記憶的基礎，聯想是記憶的關鍵

A. 大氣泡的緣故　B. 小氣泡的緣故　C. 白色氣泡的緣故

D. 無色氣泡的緣故

6. 會變色的花很多，例如紅喇叭花，它初開的時候是紅色，凋謝的時候就變成（）了。

A. 黃色　B. 紫色　C. 藍色　D. 白色

經常從網路上找或讓家人、老師、朋友為你設計類似的測試題。經過一段時間的訓練，看你的進步情況。不斷進行這種訓練，直到能夠很快讀完文章，完全準確無誤的回答測試題。再向更複雜的內容挑戰。

一定要在理解的基礎上記憶

　　理解是記憶的基礎。只有理解的東西才能記得牢記得久。僅靠死記硬背，則不容易記得住。對於重要的學習內容，如能做到理解和背誦相結合，記憶效果會更好。

　　理解記憶是以理解資料內容為前提的。這種理解不僅指看懂了資料內容，而且也包括清楚瞭解資料內容各部分之間的邏輯連結，以及該資料內容和以前的知識經驗之間的關係。

　　有人做了這樣一個實驗：在黑板上寫了二十個名詞——信封、鈕釦、杯子、碗、郵票、線、茶葉、勺子、膠水、剪刀、水壺、碟子、信紙、針、爐子、筷子、筆、衣服、火柴、酒杯，讓學生識別記憶兩三分鐘後，進行默寫。

　　結果，凡是默寫比較好的，都把二十個名詞按照用途分成了四組：與喝茶有關的（杯子、茶葉、水壺、爐子、火柴）寫在一起；與縫鈕釦有關的（鈕釦、線、剪刀、針、衣服）寫在一起；與吃飯有關的（碗、勺子、

碟子、筷子、酒杯）寫在一起；與通信有關的（信封、郵票、膠水、信紙、筆）寫在一起。

由於這些學生能連結到自己掌握的生活知識，找到了這二十個名詞之間的內在連結，因此，記憶的效果就比較好。這屬於意義識別記憶。也就是要理解事物的意義，並利用過去的知識和經驗的一種記憶方法。

而默寫不好的學生沒動腦筋，只專注於黑板上缺乏內在連結的原來的名詞的順序，直接去背。這屬於死背的識別記憶，也就是不需要理解事物的意義或不需要利用過去的知識和經驗，只靠重複的對事物來記憶的方法。

這兩種記憶法在學習和生活中都要用到。例如，對原理、定義、定理、法則的記憶要靠意義識別記憶；對歷史年代、人物名稱、山的高度、元素符號的記憶，就要靠死背的識別記憶。

不同年齡，兩種記憶方法在記憶中所佔的比例也是不同的。死背的識別記憶在記憶中所佔的比例，小學一年級是 72%，國二是 55%，高二是 17%。意義識別記憶在記憶中所佔的比例，小學一年級是 28%，國二是 45%，高二是 83%。可見，隨著年齡的增加，中

學生記憶中的意義識別記憶所佔的百分比越來越高，而死背的識別記憶所佔的百分比則越來越低。

瞭解了這個特點，記憶時就要盡量透過思考，待理解以後再記憶，這就不再是死記硬背了。

理解記憶的效果優於死背記憶。德國著名心理學家艾濱浩斯在做記憶的實驗中發現：爲了記住 12 個無意義音節，平均需要重複 16.5 次；爲了記住 36 個無意義章節，需重複 54 次；而記憶 6 首詩中的 480 個音節，平均只需要重複 8 次！這個實驗告訴我們，凡是理解了的知識，就能記得迅速、全面而牢固。不然，硬是死記硬背，那真是吃力不討好。

由於透過理解抓住了新舊知識間的連結，使新知識有了支撐點，不僅便於記得牢固，而且還可以使舊知識得到新的理解。

透過理解，將知識系統化，使所要記憶的內容納入知識的體系之中，成爲整體的一部分，這樣就更容易記憶了。

有時要記憶的事物實在無法找到有意義的必然連結，爲了便於記憶，可以人爲的運用表面的聯想去記憶，也可以把要記的內容變成口訣來背。

可見，理解記憶就是在積極思考、達到深刻理解

的基礎上記憶資料內容。

理解記憶的基本條件是對資料內容的理解和進行思維加工。有些資料內容，如科學要領、範疇、定理、法則和規律、歷史事件、文藝作品等，都是有意義的。人們記憶這類資料內容時，一般都不採取逐字逐句強記硬背的方式，而是先理解其基本含義，即借助已有的知識經驗，透過思維進行分析綜合，把握資料內容各部分的特點和內在的邏輯連結，使之納入已有的知識結構，以便保持在記憶中。

理解記憶的全面性、牢固性、精確性及迅速有效性，有賴於學習者對資料內容理解的程度。

在學習中，我們要經常有意識的運用理解記憶，在記憶的時候展開積極的思維，這樣才能取得良好的效果。如果在可以運用理解記憶的時候不去運用，而偏偏要使用死背的記憶進行無意義的重複，那可就不止是事倍功半，而是相差十倍二十倍了。

我們在記憶資料內容的時候，只要它是有意義的，就應該告訴自己必須「先理解、後記憶」，先把資料內容分成大小段落和層次，找出它們之間的邏輯連結，而不要從一開始就逐字逐句的記憶。

例如背古文，如果不把古文的意思弄懂，那麼就

會像背天書一樣，非常吃力。如果把古文裡的實詞、虛詞都弄懂了，把全篇的中心意思掌握了，這時再背，就是在理解基礎上記憶，背起來就有興趣得多，也快得多，印象也深得多。

我們說理解記憶效率高、效果好，是不是說只要理解了就一定能記住呢？這可不一定。對於理解的東西，往往也還需要多次重複才能記住。有的人理解了某個學習內容，就以為學習過程已經結束，沒有刻意的要求自己記住它們，不再透過重複加深印象，那麼，是不可能把學習內容完全、準確的記住的。

在閱讀的過程中要勤於思考

　　人如果不善於思維、不會思維，也就不善於學習、不會學習。學會學習，其實就是學會思維。人可以掌握同樣的知識，但不一定具備同樣的思維能力，有的人可以熟背知識，卻不能很好的對知識進行闡釋和理解，在解決實際問題時不一定能夠熟練運用，或不能完全運用，說到底這是思維能力的差別。

　　《學記》中提出過人在學習中有四種過失：「人之學也，或失則多，或失則寡，或失則易，或失則止。」意思是說：一是貪多不求甚解，俗話說的「貪多嚼不爛」。二是知識面過於褊狹，這勢必導致基礎不穩、不牢。三是學習不能深鑽細研，淺嘗輒止，表面化。四是畏難而止。這「失則多」和「失則易」正說明了學習的思維功夫不到家。所以，古人也早就提出了治學的五種態度和要求，要博學之，審問之，慎思之，明辨之，篤行之。這「慎思之」就是要善於思考。

　　愛因斯坦說：「在所閱讀的書本中找出可以把自

己引向深處的東西，把其他一切統統拋掉，就是拋掉使頭腦負擔過重和會把自己誘離要求的一切。」就是說，閱讀時要抓住書中的精髓，實現由淺入深的轉化。

英國詩人柯勒律曾把讀者分為四類：第一類好比計時的沙漏漏沙，注進去，漏出來，到頭來，一點痕跡也沒有留下；第二類好像海綿，什麼都吸收，擠一擠，流出來的東西原封不動，甚至還髒了些；第三類像濾豆漿的布袋，豆漿都流完了，留下的只是豆渣；第四類像開掘寶石的苦工，把礦渣甩一邊，只要純淨的寶石。他的意思是說，閱讀時，要取其精華，去其糟粕。

閱讀時，要竭盡全力，力求做到「留下寶石」，「引向深處」和「把書讀薄」，為此，就要勤於思考。具體來說，要做到以下幾點：

（1）讀書時，一定要帶著明確的目的和任務

據心理學研究，閱讀中的記憶有兩種：一種是無意識別記憶；一種是有意識別記憶。如果閱讀時，並沒有什麼明確的目的，只是隨便翻翻，但翻過之後，不自覺的記住了一些東西，用的時候能夠回想起來，這樣的記憶就叫無意識別記憶。無意識別記憶留在腦子裡的印象有深有淺，感興趣的東西印象深，記得時

理解是記憶的基礎，聯想是記憶的關鍵

間也長，不感興趣的東西印象淺，過後就忘了。如果閱讀前，有一定目的，閱讀中又按照一定的方法步驟經過自覺的努力去識別記憶文章的內容，讀過以後能夠清楚的回想起來，這樣的記憶就叫有意識別記憶。

有一位老師曾經做過這樣的實驗：在甲班，讓同學閱讀一篇文章，閱讀前沒有提出任何要求。讀過以後，立即測驗，要大家寫出文章的結構提綱和中心思想。結果，有相當一部分同學寫不出來或寫得不對。在乙班，讓同學閱讀同一篇文章，但閱讀前就提出，讀後要寫出文章的結構提綱和中心思想，此後進行了同樣的測驗，結果絕大多數同學能夠正確的回答問題。

實驗表明，有意識別記憶比無意識別記憶效果要好得多。有意識別記憶的重要特點是閱讀時有明確的目的，有了目的，大腦就能積極、主動的去識別記憶讀過的內容。因此，要想獲得較好的記憶效果，就得帶著任務讀書。

（2）力求理解

閱讀時，一定要積極思考，加深對讀物的理解。心理學家指出，按照閱讀時的理解程度，記憶又可分爲死背的記憶和意義記憶兩種。對閱讀資料內容不求

理解，只靠反覆誦讀記住讀過的東西，這樣的記憶叫死背的記憶。比如，讀書時碰到的人名、地名、年代等等，就要靠死記硬背，直到記住為止。如果在閱讀過程中，對文章進行了分析研究，在理解的基礎上記住了文章的內容觀點，這樣的記憶就叫意義記憶。

例如，閱讀一篇議論文，就要弄清文章的論點是什麼，論據是什麼，論據是怎樣說明論點的，經過這樣的分析研究，文章就會在腦子裡留下清晰的印象，經久不忘。

我們閱讀的文章，絕大多數在內容上是有內在連結的，因此，要積極思考，加深對文章的理解，在理解的基礎上記憶，效果才會好。

讀書應當邊讀邊想，力求理解，弄懂書中所說的中心思想和基本原理。閱讀時，應當每看一段就想一想，把道理弄懂；在全文讀完之後，再串起來看一看，想一想，找到各段之間的連結，以便從整體上理解一篇文章，一節課文或一章內容。

（3）理清思路

著名教育家葉聖陶說過：「文章有思路，遵路識斯真。」意思是，每一篇文章都體現著作者的思路，遵循這一思路去閱讀，才能理解文章的實質。可見，

理解是記憶的基礎，聯想是記憶的關鍵

理清思路對閱讀多麼重要。

在閱讀自然科學著作時，對書上提出的原理、規律、定律、公式，不僅要理解結論，尤其要理清文章的思路，看看這些結論是怎麼推導出來的。

李政道博士說：「當讀完一段之後，就應當把書合上，自己把思路走一下，如果走不出來，再去看書，想想自己為什麼走不出來，別人為什麼走通了。」讀書時，要先回憶一下，看看自己對概念、原理掌握得如何，哪兒還掌握得不好，原因是什麼。

對容易混淆的概念，自己去比較一下，找出異同點。對各原理的推導過程，要認真思考一遍，搞清原理的適用範圍。還要想一想，如果條件發生變化，這些原理還能不能成立？將會發生什麼變化……

總之，一定要動用腦筋，善於抓住問題，進行深入的鑽研。只有這樣，才能從新的角度，從整體和全局的高度，對基本概念和基本原理更加深刻的理解。

（4）要能提出問題

閱讀中發現的問題一般有兩類：一類是根據自己所具備的知識，認為書中的一些見解不正確、不完整，提出異議或補充；一類是因為自己具備的知識還不夠，因而有不懂的問題。一個人隨著知識水平和能力的提

高，閱讀時發現第一類問題會逐漸增多，而第二類問題會慢慢減少。

一旦發現問題，再深入閱讀有關書籍，並且深入思考，收穫會更大，還有可能發現新的知識，獲得新的見解。

（5）要獨立回憶，學會準確表達

閱讀後，要透過回憶再檢查一下閱讀的效果。對已經理解的內容要善於用簡潔的語言表達出來，寫在讀書筆記上，以備日後查用。錢偉長說過：「讀一本書，只要清楚它的梗概，瞭解它的主要精神和主要問題，先把最重要的東西學到手，然後回顧一下，看自己解決一些什麼問題，還有哪些沒有解決？對一時無法解決的問題，最好用小本子記錄下來，以便日後解決。」

這樣，在提高閱讀能力的同時，對改善你的記憶力也是非常有幫助的。

　理解是記憶的基礎，聯想是記憶的關鍵

持續思索和權衡的正確讀書法

真正意義上的閱讀是一個沉思默想的過程，書本裡的思想在讀者的頭腦中重新呈現，引起他的共鳴或質疑，並且潛移默化的影響他的思想，使之吸收或轉化成爲自己思想的一部分。

「讀書不要存心質疑，也不要全盤相信，而是要思索，要權衡。」智者培根如是說。「要思索，要權衡」——這是打開正確讀書方式大門的鑰匙。爲了獲得這些能力，可參考專家提出的如下指導性建議：

（1）選出一本值得一讀的好書

認真看好書的書名，在自己的腦海中設想在這個書名下作者可能論述什麼樣的內容。在字典裡查找書名中所有詞語的意思，比如「美國歷史」。什麼是歷史？記錄下來的歷史是什麼？兩種「歷史」（真實的歷史與寫在紙上的歷史）有什麼差別？「美國」的意思是什麼？這個名稱從何而來？

現在，再看看作者的名字。在繼續讀下去之前，記住作者的生平。瞭解他在文學或史學中的地位。你

對他的作品應該給予什麼樣的重視程度？

完成這些步驟之後，仔細的看目錄。現在你應該對這本書的主要內容以及寫作目的有了大致的瞭解。如果這些內容似乎不夠明確，那就要捨棄這本書另選一本。整個生命過程中的書，都要經過這樣的精挑細選。

（2）邊預測，邊閱讀

假如經過前面對作者和書籍內容的挑選，你希望把這本書讀下去，那麼認真的讀一讀前言。讀完之後，思考一下作者在這裡說了些什麼？依你的判斷，這個前言起到了什麼樣的作用？以後讀書時都要養成這樣的習慣。

（3）認真閱讀和思考簡介

如果這本書有簡介，一定要認真的把它讀一遍。如果前面的簡介沒有閱讀，很多地方都可能被誤解。讀過簡介後，回想一下簡介的主要內容。現在再一次提出這個問題，作者為什麼要寫這個簡介，或者在這個簡介裡他到底說了哪些方面的內容？很可能到這一步的時候，在進一步閱讀之前你已經把這本書拋到一邊了。

如果要嚴肅認真的讀書，一定要養成這個習慣。

理解是記憶的基礎，聯想是記憶的關鍵

（4）精讀一本書前面的 25 頁

一定要精讀一本書前面的 25 頁。在這 25 頁當中你有沒有讀到新穎、有趣或者你認爲有價值的東西？如果在這個過程中你沒有看到任何新鮮、有趣或者有價值的東西，很可能這本書的命運是將被大幅度的削價處理。

當然，這個規律並不是萬無一失的。讀書往往就像淘金：富含金子的礦脈可能不是輕而易舉就可以發現的。

閱讀喬治・艾略特的某些作品需要付出比平時多幾倍的精神，才能把注意力集中到上面；但是一旦沉浸到書裡，你就像受到魔法的控制一樣再也不能擺脫它的神奇力量。很多當年暢銷的書都經不住時間的考驗，過兩年再看顯得索然無味。讀書有時也取決於讀者的品味。如果讀者喜歡的是「甜得發膩」的漂亮或者「完美無缺」的優雅，那麼，他可能會選擇一些內容輕淺文筆雕琢的作品。這樣的傾向和高級知識分子的見識以及文學評論的尺度是不相符合的。他們關注的是那些超出一般水準的真正有內容有份量的作品。

如果一位讀書品味高的讀者在 25 頁內沒有看到

特別的內容，那麼只能說作者寫作平平，或者他的作品根本不值一讀。

（5）一定要思考

現在假設你決定把手頭的書讀下去，那麼我們有必要回到這本書的第一句話。重讀第一句話的時候，要格外小心。主語是什麼？謂語呢？賓語呢？每個詞各是什麼意思？如果是抽象的思想，把它轉化成你自己的語言。認真思考這句話的內容，要深入詳細的想徹底。如果是一個物體，那麼閉上眼睛在腦海中呈現它的樣子。如果這句話表述行為，看看它表達的是什麼樣的行為。盡可能的在腦海中構思這幅行動的場景。如果這個句子很長，讀起來晦澀拗口，盡量理解它的意思，就好像理解「存在」、「狀態」或者「行動」這樣含義豐富的詞一樣。然後，把這句話再讀一次，把各個部分的思想綜合連貫起來，對整個句子要表達的思想有更清晰的把握。

一定要把作者的思想轉化成自己的語言。不要背誦，一定要思考。

用這樣的精讀方法讀完第一段。然後，用自己的話把第一段的主要思想組織起來。

把這種深入細緻的分析性閱讀繼續下去，直到你

理解是記憶的基礎，聯想是記憶的關鍵

已經掌握了第一章的主要內容。現在把你所有的筆記放到一邊，根據記憶把這章的內容用連貫的句子寫出來。

整本書都是如此閱讀，如果你按照這樣的方式去做了，這些書幾乎不再需要讀第二次。精讀一本書比馬馬虎虎的讀很多書還要能得到更多的教益。

這樣的練習證明是非常有價值的，因為它們建立在特定的大腦思維基礎之上。眼睛在看書的時候，變得非常迅速敏銳，它把一些模糊的觀點連貫起來，在讀者的腦海中構成清晰的圖像，這樣閱讀的時候，讀者自己可以得到極大的樂趣。

（6）在適當的地方做好標記

在讀任何一本好書的時候，在重要而有用的句子或段落上做好標記，在書後的空白頁碼做好索引。即使這本書本來就有印好的索引附在後面也沒有關係，你自己做的索引對你更有用。

在你讀到的重要地方做好標記，加以編號或排序。在讀到一章結尾的時候複習一下這些重點，並把它們記下來。

（7）邊讀邊記

在大聲朗讀的時候，盡量在腦子裡默記作者提出

的重點，用幾張紙把它們寫下來。然後用自己的語言連貫的陳述，讓你的朋友幫你改正錯誤的地方。盡量保持並繼續這樣的練習，越久越好。

（8）和朋友討論

和朋友討論這本書，一定要做到兩個人完全領會作者的意思。

（9）不要隨隨便便接受作者的觀點

如果作者名不符實，他寫的東西並不能確保它的品質，或者他帶著明顯的傾向性，顯然是有目的地「論述他的觀點」，那麼要帶著質疑的態度閱讀他的作品。不要隨隨便便的接受他的看法。注意從客觀公正的角度考慮他談論的問題。看他引用的事實是否確有其事。看他引用的資料內容來源是否正確，解釋的是否是原來作者的真實意思。審查他的論點有沒有漏洞。可以寬容的看待他的觀點，但是在適當的時候向他發出詰難。不要過於草率的否定或屈服於他的觀點。明天，你否定的東西可能就變成了真理，你接受的觀點可能大謬不然。透過大量的閱讀來積累事實、分析現狀、陶冶情感、增加生活經驗，最終使你成為有遠見卓識之人。

理解是記憶的基礎，聯想是記憶的關鍵

在日常生活中發展自己的思維能力

　　思維能力強的人，善於抓住整體的問題，在不同
的知識領域和實踐領域內創造性的思考問題。思維的
這一特點，叫做思維的廣度。思維能力強的人，還善
於深入問題的本質，證實問題的原因，找到論證事物
發生的各種依據，正確的預見未來。思維的這一特點
稱爲思維的深度。

　　靈活性是良好思維的一個重要特點。當新的情況
發生後，或在解決問題過程中證明原先的設想發生錯
誤後，能立即改變，適應新的情況，找出解決問題的
新的途徑。

　　獨立的思維也是值得重視的一個因素。如果一個
人在解決問題時，總是依靠別人，指望現成的解決方
法，那麼，這一個人的思維能力永遠都發展不好。

　　與獨立性密切相關的另一個特點是思維的評論
性。要善於分析事物的長處和短處，哪些是有價值的，
哪些是應該拋棄的。

　　思維的邏輯性也是必須重視的特點之一。在思考

問題時始終遵循一定的順序，不會跳東跳西破壞原來的思考結構，也不會偏向一邊，因而使自己的判斷有一可靠的依據。

另一個應考慮的是思維的敏捷性。這是指在緊急時刻能集中全部智力，迅速而果斷的作出決定。

那麼，在日常生活中，應該怎樣發展自己的思維能力呢？

（1）分析和綜合

思維的最基本的過程是分析和綜合。所謂分析，就是在頭腦中把事物的整體分解為部分或者把整體的個別特徵、方面分解出來；綜合則是指在頭腦中把事物的各部分聯合起來，或者把事物的特徵方面結合起來。

為了使這種分析和綜合更正確，應該使用歸納和演繹的方法，使思維能比較快的從個別上升到一般，而且根據一般道理來解釋個別現象。

事物之間的關係是複雜的，在分析、綜合問題的因果關係時，要善於抓住本質的東西，不要被現象所迷惑，不要局限於單一因素上。應該多想一想：什麼是主要原因？什麼是次要原因？什麼是一般原因？什麼是個別原因？

➤ 理解是記憶的基礎，聯想是記憶的關鍵

(2) 要善於比較

我們總是透過確定被比較對象的共同點和相異點來認識事物的。

怎樣進行比較呢？

在學習中可以採用順序比較法，就是將學習的內容和過去學過的內容進行比較。例如，學習乘法時，把它和過去學習過的加法進行比較，加深對乘法的理解。也可以採用對照比較法，就是同時交錯的把兩種要學習的教材加以比較。

比較總是在某一個一定的方面進行的，因此，在比較過程中要始終圍繞主題進行，不要離題。

應該注意比較哪些是事物的主要因素，哪些是次要因素。有時若在比較中分不清主次，就應該及時求師，解決問題後，再反過來問一問：為什麼自己比較不出來？是哪些環節出了問題？

(3) 要培養抽象和概括能力

將事物的一般的、本質的特性抽出來單獨加以考慮的這種思維特徵叫抽象；將事物的一般的、本質的屬性聯結起來並推廣到同一類事物上去的這種思維特徵叫概括。它們是在比較的基礎上進行的，應該遵循「從感性到理性、從具體到抽象」的原則，經常與具

體的事物、形象的比喻相連結，將思維具體化。

　　閱讀某作品時，編寫提綱是培養概括能力的一種有效方法。方法如下：

　　首先，把作品分為幾個部分，每一部分都是一個獨立意義的整體。

　　其次，找出各個部分的主要思想及其相互間的連結和關係。

　　再次，提出作品的基本思想，並闡明這一思想是怎樣表現的。明確作品各部分內容發展的一般方向。

　　最後，以簡練的語言和標題的形式，把上述要點概括的表示出來，即構成提綱。

　　此外，扼要的敘述作品內容也是培養表達能力和邏輯思維能力的一種方式，對寫作也有幫助。

（4）加強分類的訓練

　　為了提高掌握知識的質量，應該有意識的進行分類的訓練。即是將個別的現象或對象分門別類的列入適當的種類中去。例如有以下一大堆的概念：獅、豹、貓、狗、雲雀、鷹、鴨、雞、薊野菊、薔薇、石竹等等，你就可以動用腦筋，進行以下的分類：1.野生的、能飼養的野獸組：豹、獅、狗、貓；2.鳥類組：鷹、雲雀、雞、鴨；3.花組：薊野菊、石竹、薔薇。進行

類似的分類，可以更好的理解和牢記各種概念的本質屬性。必須注意，有些人記憶能力很強，但思維能力卻不是很好，這是由於只滿足於死記硬背的結果，要把重點轉移到理解上。

（5）發揮想像在思維中的作用

思維活動必須借助於想像。愛因斯坦說：「想像力比知識更重要，因為知識是有限的，而想像力概括著世界上的一切，推動著進步，並且是知識進化的源泉。」

怎樣發展自己的想像呢？

第一，要擴大自己的知識範圍。一篇作品中出現的某個人物形象可能是虛構的，但是這個人物形象的影子卻在很多人的身上可以找到。因此，要豐富自己的想像力，首先應該豐富自己的想像素材。

第二，要經常對知識進行形象加工，形成正確的表象。例如在學了「原始人」這一概念後，再去周口店看看展覽，對「原始人」這一概念進行形象加工，在腦中形成一個活靈活現的原始人表象，就可大大活躍有關原始人的想像力。

第三，豐富自己的語言。想像依賴於語言，依賴於對形成新的表象的描述。一個人語言能力的好壞直

接影響到想像力的發展。有意識的積累詞彙，大量閱讀有關的文學知識，多練寫作，學會用豐富的語言來描述人物的形象和發生的事件，這樣就會擴展自己的想像力。

理解是記憶的基礎，聯想是記憶的關鍵

使聯想思維成為開啟思路的
導火線和催化劑

　　有學者指出：「如果你想記住什麼，你要做的就是將它與已知或已記住的東西連結起來。」「一件在腦子裡的事實，與其他多種事物發生聯想就容易作好記憶，所聯想的其他事物就猶如一個個釣鉤一般，能把記憶著的事實鉤釣出來」。「記憶的基本原則就是把新訊息聯想於已知的事物。」

　　聯想是由於兩個或幾個刺激物同時的或連續的發生作用而產生的暫時神經連結。通俗的說，聯想就是從腦中的一事物想到另一事物的心理活動。例如，看到昔日的照片則往事如煙，一幕幕浮現於眼前；由糖想到了甜蜜，進而想到幸福、愛情；由咖啡想到苦澀，想到失意、悲傷、失戀；再如，生活中我們往往會不自覺的「失神」：看到了檯燈，想起了那是在某某商店買的，那個售貨員很熱情，還看到她臉上有雀斑，很明顯的……對，雀斑是挺像麻雀蛋上的斑點，小時候爬牆逮麻雀，沒逮著膝蓋還破皮了……哎呀，想起

膝蓋還記得貼了風濕膏，這關節炎也挺難受的，都是前天踢球出了一身汗後用電風扇吹得膝關節疼⋯⋯不過，那天我看「她」在看我們踢球，所以我踢的特別賣力，對，想起來了，她還向我借財務管理書呢⋯⋯

這些都是我們不自覺的運用了聯想。你看，由檯燈依次想起售貨員→雀斑→麻雀→膝蓋→風濕膏→風扇→踢球→她→財務管理書⋯⋯這一整串的思緒便飄散開來，這就是聯想。

我們把大腦中漫無邊際的聯想透過訓練，變成主動的、有意識的為我們的記憶服務，便可收到超級記憶的目的。

宇宙間萬事萬物縱然千差萬別，但任何事物都不是孤立存在的，相互間總有千絲萬縷的連結，有直接的也有間接的，許多事物間存有不同程度的共同性，使得我們能由甲想到乙，再由乙想到丙⋯⋯使輸入大腦中的訊息以各種方式互通。

心理學家哥洛萬斯和斯塔林茨曾用實驗證明，任何兩個概念詞語都可以經過四五個步驟建立起聯想的關係。比如天空和茶：天空→土地，土地→水，水→喝，喝→茶。假如每個詞語都可以與 10 個詞直接發生連結，那麼第一步有 10 次聯想的機會，第二步有

100 次機會，第三步就有 1000 次！

　　聯想的神奇作用在於它的連動性，即能由此及彼，由一種現象進而去探究其原因，或由一種事物連結到與之相似、相關的事物。它還有跨越性，聯想不一定按順序去想，可跳躍式的想；聯想不一定要按邏輯規則，也可以是非邏輯的，甚至可以省略某些思維步驟或超越現實均可。自由度越大，聯想越豐富，創造性的構思也就越多。

　　連根拔起的參天大樹，其根下有密密麻麻、錯綜複雜的根系，而聯想就如同樹根一樣把千千萬萬個訊息串聯起來。記憶需要聯想，聯想則是新舊知識建立起連結的橋樑、軸心。舊知識積累得越多，則新知識連結的應越廣泛，就越容易產生聯想、越容易理解和記憶新知識。

　　實踐證明，聯想是確保記憶速成的根本保證！是邁入記憶高手殿堂的入場券！那些記憶大師們所進行的令人咋舌的超級記憶力表演，沒有一個不應用聯想的！

掌握常見的比較實用的聯想方式

聯想，有縱、橫聯想，虛、實聯想等多種。常見的比較實用的聯想有如下幾種方式：

（1）相似聯想

相似聯想是聯想思維的最基本的技巧，是指盡量根據事物之間在形狀、結構等方面的相似點進行對照，從而受到啟發，產生創意觀念。即若希望 A 具有屬性 M，那麼與 A 類似的 B 也能具有 M。

由相似聯想發明或創新成功的例子很多，例如：魯班的手被葉邊上帶刺的茅草割破，馬上想到鐵刺也許可以鋸木頭，從而發明了鋸子。

相似聯想可以用來建立物質模型和符號模型。物質模型是原客體的基質、結構和功能上的相似物。如艦船模型、木工放樣圖等。

符號模型是以抽象的形式，用符號系統再現原形的某方面特徵，是原形抽象的形式化的抽象物。符號模型主要是數學模型。

（2）接近聯想

接近聯想是指在思考問題時，盡量根據事物之間在時間或空間上的彼此接近進行聯想。世上萬物都不是孤立存在的，在空間或時間上總是保持著一定的連結。比如，一提到富士山，我們就想到日本；一看到拱橋，我們就想到天空中的彩虹。

幻想也是一種接近聯想，它可以超越自然或社會的發展進程。神話和科學幻想故事都是幻想的產物。

19世紀法國著名科幻作家儒勒‧凡爾納一生寫了80多部科幻小說。他在書中寫的霓虹燈、坦克、潛水艇、直升機、導彈、電視等，到20世紀都成了現實。後世的許多科學家，如俄國的「航空之父」齊奧爾科夫斯基，美國的火箭先驅羅伯特、戈達德等人，都承認他們的創造受到了凡爾納的啓發。

靈活運用接近聯想法則，常常幫助人們打開思路，強化記憶。

（3）對比聯想

對比聯想是指對事物的性質、特點、形狀、結構等方面進行相反、對立或差異的比較而形成的聯想。

客觀事物之間普遍存在著相對或相反的關係，因此，運用對比聯想往往比較能引發新設想，產生推進效果。比如，由實數想到虛數，由粒子想到反粒子，

由物質想到反物質，由精確數學想到邏輯數學；以及文學、藝術作品的虛實對比手法；社會科學研究中照片、畫面、文字等「虛體」資料內容和現實生活的「實體」資料內容的對比方法，都是對比聯想的結果。應用對比聯想，常會加深對所記事物的印象。

(4) 多步自由聯想

多步自由聯想是上述各種聯想形式在應用中相繼連續出現的一種聯想形式。通常人們進行聯想時多是多步自由聯想。多步聯想能把毫不相干的一些事物，透過聯想鏈接起來。於是，記憶的內容便變得更鮮活和簡單了。

為提高記憶效率
在聯想的過程中要加入一些要素

古希臘人非常崇拜記憶力，認為它是女神妮莫西妮的化身。妮莫西妮是所有女神中最漂亮的一個，宙斯跟她待在一起的時間最長，共廝守了9天9夜，結果她生了9個繆斯女神，分別主司愛情詩、史詩、讚美詩、舞蹈、喜劇、悲劇、音樂、史學和天文學。在希臘人看來將活力（宙斯）注入記憶（妮莫西妮）就會產生創造力和智慧。現在我們用來稱呼記憶法的專用術語「記憶術」——Mnemosyne，就是由女神妮莫西妮的名字演化來的。

古希臘人認為，提高記憶力的方法的基本原理就是：「你要記住某件東西，就把它與你已知的或固定的東西連結在一起，並且要依靠你的想像力。」

為提高記憶效率，在聯想的過程中要加入以下要素：

(1) 色彩

色彩越生動、越豐富，記憶效率就越高。僅僅利

用色彩這一條，就會使你的記憶力有所提升。

（2）想像

想像力是你的記憶源泉。想像得越生動，記憶越容易。包括以下幾個方面：

1.誇大：把要記的東西想像得越大、越多，就越好。

2.縮小：如果你能很清晰的把東西想像得極小極小，也能記得很牢。

3.荒誕：想像越離奇可笑，印象就越深，因此記得越牢。

（3）節奏

記憶圖像中有節奏感的東西越多，節奏種類越豐富，那幅圖畫進入記憶就越自然。如同我們現在伴隨音樂而翩翩起舞一樣，有些肢體動作隨著音樂就會自然做出。

（4）動感

盡可能的使大腦中的圖像動起來，動的東西比靜止的東西更容易記住。

（5）感受

包括口感、嗅感、觸感、聲音和觀感等。在記東西時，參與的感官感受越多，就記得越清楚。

理解是記憶的基礎，聯想是記憶的關鍵

如果你要記住給孩子買雪糕這件事，那你可以想像拿在手裡的那種冰涼的感受，聞著有一股奶油香味，含在嘴裡涼涼的、甜甜的感受，以及下嚥到肚子裡那種涼快的感覺。

用了這麼多感官感受去想，就不會忘記買雪糕這件事情了。

（6）順序和條理

要記憶，光靠想像是不夠的，你還要把他們按照一定的順序和條理分門別類的裝起來，這樣當提取時也很方便。否則，雜亂無章會弄得一團糟。

（7）編碼

為了按一定的順序記憶東西，可以按照事先編好的數字或其他固定的順序記憶。也就是現在很多人常用的數字編碼法。

（8）立體感

綜合運用色彩、運動等立體的要素，賦予要記憶內容充分的立體感，這樣比單純的平面、二維的感受要容易記憶得多。

其實，古希臘人的這些記憶原則和方法原理與我們今天談的同時運用左、右腦記憶資料內容的方法是如出一轍的。

我們知道左腦主管邏輯思維、語言、計算、排序和分析等功能，右腦主管想像、色彩、立體、空間、節奏等功能，如果我們在記憶時充分調動左右兩腦的功能來同時參與記憶，那麼就會很容易記住所學內容。

　　古希臘人雖然沒有我們今天的科學理論，但他們已經觸到了提高記憶力的科學方法和原理。古希臘人、古羅馬人那時已經在不自覺的應用這些科學的記憶方法了。

對想像能力進行有意識的培養

一個音樂家在作曲時，要在頭腦中不斷的將音符進行組合，直到形成一段美妙的旋律。而畫家在創作時，要在頭腦中模擬各種色彩的搭配，還要模擬圖畫中各個圖景的佈局。銷售人員在會見一個客戶時，他需要在頭腦中預演見面的情況，當對方不耐煩時該怎麼辦、當對方祕書擋駕時該怎麼辦、當對方提出一個刁鑽的問題時該怎麼辦，並且針對不同情況要考慮自己該說什麼話，該有怎樣的行為舉止。這些都需在見面前在頭腦中進行模擬。

甚至一個家庭主婦在打算做家務時也需要想像力，比如說她有三件事情要做：擦拭傢俱，掃地，洗衣服。對於做這幾件事情，有好幾種安排次序。經過在頭腦中進行一番不同次序的模擬、或者說做了實驗後，她確定了做這三件事的順序：先把衣服放至洗衣機中洗；在洗衣機自動洗衣時，她可以騰出手來擦拭傢俱；在擦拭完傢俱後，再把擦拭傢俱落到地上的灰塵以及紙屑清掃乾淨；掃完地之後，再將洗好的衣服

晾曬出去。這是一個非常好的做事順序，安排得很緊湊而且效率也很高。

有學者指出：想像力是記憶力的根基！在記憶中，經常會碰到這樣的情況：由於某樣要記的東西沒有任何實際的內容，既談不上理解也沒有什麼興趣，那只有靠死記硬背了，如電話號碼、某個難讀的地名譯音。而死記硬背的效果是有限的。這時，你不妨採用一下聯想。柏拉圖這樣說過：「記憶好的祕訣就是根據我們想記住的各種資料內容來進行各式各樣的想像力……」

可見，無論是為了提高記憶力，還是為了更好的生活和工作，我們都應該對想像能力進行有意識的培養。如下一些方法和建議可供參考：

（1）從臨摹仿效開始

想像力的培養、模仿往往是第一步。正如你臨摹字帖，天長日久就可以寫好字。模仿是一種再造想像。透過模仿，你可以抓住事物的外部和內部特點。模仿絕不是無意識的抄襲，而是把眼前和過去的東西透過自己的頭腦再造出來。與創造相比，模仿是一種低級的學習方法，但是創造總是從模仿開始的。古今中外有許多有成就的人物，在開始時都是從模仿中獲

益的，然後再在前人的基礎上加以創新，走出自己的新路。

（2）培養豐富的知識經驗

發展想像力的基礎是豐富的知識和經驗，沒有知識和經驗的想像只能是毫無根據的空想，或者是漫無邊際的胡思亂想。扎根在知識經驗上的想像，才能閃耀思想的火花。經驗越豐富、知識越淵博，想像力的馳騁面就越廣闊。

這裡所說的廣博知識，除了專業知識和與專業知識相關的科學知識之外，還要有廣泛的興趣，特別是閱讀文學書籍。文學藝術對培養和提高想像力有非常大的作用，因為它們的表現方式是最為形象生動的。文學和藝術作品是想像的學校。一方面，文學藝術作品可以提供豐富的形象，特別是典型形象；另一方面，欣賞藝術和閱讀文學作品又需要人們展開想像的翅膀。於是在運用想像的過程中，自然也就發展了想像力。

生活經驗的多寡，直接影響到想像的深度和廣度。豐富的生活經驗是提高人們想像力的重要因素。因此，我們應當廣泛的接觸、觀察、體驗生活，並有意的在生活中捕捉形象，積累表象，為培養想像力創

造良好的條件。

（3）培養發現問題、提出問題的優良心理品質

巴爾扎克曾說過：「打開一切科學的鑰匙都毫無異議的是問號，我們大部分的偉大發現應該都歸功於『如何』，而生活的智慧大概就在於逢事都要問個為什麼。」

敢於發現問題、善於發現問題和敢於提出問題，是一種極有價值的智力素質，這裡包括觀察、好奇、懷疑、愛問、追問等等。

對於青少年來說，觀察懷疑、想像思考以及永不滿足的好奇心所產生的種種追求，可以引導他們去選擇新的目標，連續進行學習和研究。

（4）參加創造活動

創造活動特別需要想像，想像也離不開創造活動。因此，積極參加各種創造活動，是培養想像，特別是創造想像最有效的途徑之一。

（5）培養正確的幻想

幻想是創造型人才的一種寶貴特質。但一個人必須把幻想和現實結合起來，並且積極地投入實際行動，以免幻想變成永遠脫離現實的空想。同時，一個人還應當把幻想和良好願望，崇高理想結合起來，並

理解是記憶的基礎，聯想是記憶的關鍵

及時糾正那些不切實際的幻想和不良願望等等。

　　在生活中，要抓住一切機會，擴大自己的視野，多參加各種社團活動，多讀書，豐富自己的想像力。

透過專門的訓練有效的開發想像力

在記憶中，經常會碰到這樣的情況：由於某樣要記的東西沒有任何實際的內容，既談不上理解也沒有什麼興趣，那只有靠死記硬背了，如電話號碼、某個難讀的地名譯音。而死記硬背的效果是有限的。這時，你不妨運用一下想像力。

在世界上，客觀事物有著千絲萬縷的連結。有的表現為從屬關係，有的表現為因果關係。把反映事物間的那種連結，把在空間或時間上接近的事物，及在性質相似的事物和人們已有的知識經驗連結起來，是增強記憶的好方法。

下面是西方學者提出的有效開發想像力的一些訓練。

(1) 嗅覺想像

在腦海裡設想一朵玫瑰花，想像它的芳香。你正在一座開滿玫瑰花的山上，山上飄蕩著濃郁的玫瑰花香味。花香對你會有什麼作用？在這種情況下你會做什麼？滴一滴香水來重複這個練習。然後設想滿滿一

湖的香水會產生多麼濃烈的香味。再次發揮想像力，想像一片森林裡小鳥婉轉啼唱，此起彼伏，煞是熱鬧的情形。

這些練習應該在一間安靜的屋子裡進行。一定要專注的努力去做這個練習。想像的時候，要盡可能的清晰真切。反覆想像，直到這幅圖像在腦海裡生動的浮現，就像真實的呈現在眼前一樣。

（2）聽覺想像

站在潺潺流過的小溪或瀑布旁邊。現在認真的傾聽傳到你耳中的聲響。各種聲音混合在一起有一種整體的聲音效果。這種聲音聽起來像什麼？它讓你想起了什麼？它使你生發什麼樣的情緒？你對這個聲音的整體效果逐漸適應後，試著辨別這個聲音是由哪些聲音混合而成的？把這個過程認真仔細的完成後──即把整個聲音拆分成不同的組成部分之後──想像其中的一種聲音非常嘹亮而清晰，讓這個聲音盡可能的響亮；然後，繼續想像另一種聲音，第三種聲音，不斷的繼續下去，直到所有的聲音組合都完成。

最後，從這個有聲音的地方換到一個安靜的地方，回想剛才聽到的聲音，首先作為整個的組合音響，然後再回想剛才分析過的每一種聲音。不斷的練習直

到能夠很隨意很輕鬆的把這些聲音想出來。

（3）視覺想像

根據記憶回想一個遙遠而真實的風景。不容易想起來的是那些細節的地方，但是細節一定要有。只要不斷的使勁回憶，你一定能想像出來。一定要使想像中的這個地方就像真的一樣，清清楚楚的呈現在你的腦海裡。在這個過程中，你需要不時調整自己最初設想的景色，使這片風景栩栩如生的展現在你眼前，讓大腦保持敏銳積極的想像。繼續用不同的景觀來進行這個練習，直到你能夠隨時隨地毫不費力的設想某種真實的景致。

（4）經歷回憶

回想一種在你記憶深處留下深刻印象的經歷。再次在腦海裡重新經歷當時的每個階段和整個過程，要一點一點慢慢的回憶，帶著強烈專注的感情。想一想這件事情的起因和細枝末節的關聯，以及當時給你造成的影響。當時你感覺愉快還是痛苦呢？不管你當時的感受如何，說明它的原因。它對你今後的生活造成什麼後果？你會不會重新體驗這個經過？如果不會，是為什麼？如果你可能再次做同樣的事情——那麼會怎麼做？如果你要避免將來發生同樣的事情——那麼

▶ 理解是記憶的基礎，聯想是記憶的關鍵

會怎麼防止？

繼續回憶各種不同的經歷，直到做事謹慎和三思而行的教訓深探的銘刻在你心裡為止。

（5）畫面想像

在安靜的房間裡，虛構一幅圖畫，比方說你從來沒有見過的東西：一隻奇形怪狀的鳥；一隻動物，也許漂亮而奇異，也許溫順而醜陋；一幢高大的建築，富麗堂皇而神祕難測；一片風景，古怪而富有魅力，或者荒蕪而貧瘠。不要使大腦陷入想入非非的狀態。你要盡可能地控制大腦的思維方向。

（6）自由想像

盯著一個比較大的東西，看看它會不會觸發你某個方面的想像力。你看著的東西是一匹馬嗎？讓它長上翅膀，飛到廣袤而遙遠的其他星球上去。你看著的東西是一軸線團嗎？把它想像成蜘蛛的網，如果要把它織成一千件長袍，或者用它來發送訊息，只要你運用意念在上面吹一口氣就可以了。繼續用不同的東西進行這樣千奇百怪的想像，直到自己的想像完全置於意志力的控制之下──可以激發、收斂並遣散想像的發揮。

（7）機器結構想像

研究一部結構不很複雜的機器。弄明白這個機器的用途。研究它的零件以及它們之間的相互關係。對它的機械原理進行充分的分析之後，閉上眼睛讓它在腦海裡浮現。一點一點的回想這個機器，直到腦海裡呈現一幅完整的圖像。然後，把它拆成不同的零件，再在腦海裡把它們重新組裝起來。更換不同的機械繼續練習，直到你一眼就能夠看出一個機器的原理，在心裡想出它的內部結構和它的內部零件。

（8）想像美麗的景致

在腦海裡構思這樣一幅圖畫：連綿起伏的地上鋪滿了厚厚的落葉，不時還有一簇一簇的灌木叢；樹上的葉子五顏六色斑斑駁駁，高大的枝杈撐起鬱鬱蔥蔥的華蓋，陽光從各個角度照耀下來，明亮而生動；不時有一陣風從閃閃發光的樹葉中間穿過，葉子颯颯作響；而整個森林除了偶然一陣微風和空闊地方傳來的幾聲鳥啼，四處一片靜謐；松鼠敏捷在樹叢間、林地上跳來跳去；你站在那裡，感到自己正站在最燦爛明朗的地方，愉快而舒展的心情油然而生，你不得不詫異於世界的繁華和精緻！

現在想像一些類似的風景。這裡的景色讓你想起了什麼？你要有意識的分析這些類似的風景之間的相

　　　理解是記憶的基礎，聯想是記憶的關鍵

似性或差異性，以及它們給你留下的印象和當時的感覺。不要漫無邊際的想入非非。這是一項一絲不苟的工作。

經過長時間這樣有意識的訓練，你的想像力一定會豐富起來的。

超級
記憶王
SUPER MEMORY

▶ The Most
Efficient Reading Skill.

科學用腦，
呵護大腦的健康

SUPER MEMORY The Most Efficient Reading Skill.

人的大腦具有奇妙的可塑性，它是一枚需要終生培育和雕琢的珍寶，從出生到變老都離不開悉心的呵護。

一定要科學的安排用腦，注意勞逸結合，有張有弛，保持充足的休息和睡眠，使大腦的工作有節制，不至疲勞過度；還要積極的參加體育鍛鍊和藝文活動，合理調整飲食結構，確保攝取充分而均衡的營養。

這樣才會有充沛的精力，腦細胞才能靈活運轉，記憶力也會隨之增強。

瞭解大腦的構造和功能

　　人之所以為「萬物之靈」，首先得力於高度發達的大腦。

　　成年人的大腦，平均重量不到 1500 公克，所佔體積不過 1400 毫升，然而，它所包含的神經細胞數卻有 140 億個。這些神經細胞之間都以「突觸」相連結，同時還和神經系統其他部位的神經細胞以及人體的肌肉細胞、腺體細胞等效應器錯綜複雜的連接著。人類的感覺、意識、思維、記憶、情感、行為等極為複雜精細的生理心理活動，就是在這深不到 0.5 公分、廣不及 0.25 平方公尺的神經元網絡中進行的。

（1）人腦的構造

　　科學研究已經證實，人腦分為兩大半球區，它們中間由一些分化的結締組織（稱作胼胝體）連接起來。左半腦、右半腦各有專司的功能。

　　人腦左右半球具有相對獨立的意識活動。大腦每一半球不僅具有自己獨立的意識思想鏈和自己的記憶，而且，大腦兩半球基本上是以不同的方式進行思

維的：左半腦傾向於用語詞進行思維，右半腦則傾向於以感覺形象直覺思維。人的智力就是由腦的左右兩半球共同構建的，要發展智力就必須使大腦兩個半球都能發揮自己的作用。

科學研究證實，大腦兩半球具有一種既分工又合作的關係，從分工上講，左半腦負責語言和邏輯思維，而右半腦則做一些詞語難以完成的工作，透過表象代替語言來思維。具體的說，左半腦主管抽象思維，具有語言的、分析的、連續的和計算的能力；右半腦主管形象思維，與知覺和空間判斷有關，具有音樂的、圖像的整體性和幾何空間鑒別能力，它對複雜關係的處理遠勝於左半腦。特別是記憶功能，右腦的記憶容量是左腦的 100 萬倍。在正常情況下，人的大多數活動都是在大腦左、右半球的協作和相互配合下完成的。但是在特定活動中，總有一側的半球佔優勢，稱為優勢半球。

有人曾這樣形容左右兩個半球：左大腦半球就像一個雄辯家，善用語言和邏輯分析；同時又像一個科學家，善於進行抽象思維和運算。它雄心勃勃，經常想控制一切，甚至干預本屬於右半腦的功能。但它很刻板，缺乏幽默和豐富的情感。而大腦右半球則像一

個藝術家，它擅長於非語言的形象思維和直覺思維，平日沉默寡言、不善言辭，但卻在音樂、美術等藝術活動上很有天分，充滿創造性。它還有很好的空間感。同時，它又感情豐富，很有人情味，只是在與左半腦的競爭中，經常甘拜下風，致使自己的才能難以發揮。具體的說明了左右半腦結構上的對稱性以及功能上的差異性。

左右半腦功能上的差異性在腦的進化過程中，從單細胞生物簡單的應答反應到人腦的形成大約經歷了10億年之久。隨著脊椎動物的出現、進化與發展，腦的結構和功能開始變得越來越複雜，而自從爬行動物出現了大腦皮層後，到哺乳動物時又得到了較大的發展。特別是人類的大腦新皮層已經成了控制人的整個具體活動的最高級神經中樞。

據此，腦科學家認為，人腦的演進次序依次是：爬蟲類腦、哺乳類腦，以及最外層的新皮層。

腦的層次模型其中，最裡層稱為動物腦，它屬於爬行動物腦，使人具有感知的原始功能；中間層稱為緣腦層，它是人類從哺乳動物遺傳下來的，保留著哺乳動物的某些功能，透過各類「核」控制著人類的情感活動；最外層稱為新皮層，是人類從「尼人階段」

發展到「智人階段」的產物。它在功能上主要支配人的想像力、抽象力、思維能力和計算能力，是透過人的感覺器官來反映客觀事物的功能層。

現代人類的思維活動，往往集中於大腦皮層。這也是人的智力和創造力集中的區域，表現為感覺、思維、幻覺等，它透過人的耳、眼、口、鼻、舌、體膚等感覺器官作用於大腦皮層來反映客觀事物，出現各種各樣的思維活動。

但人腦並非如此簡單，在20世紀八〇年代的腦科學研究中，人們發現了在人腦裡存在著一個「邊緣系統」，它是個相當小而且複雜的組織，分跨在大腦的左右兩半邊。

如今，科學家已經證明邊緣系統在處理短期記憶及轉化為長期記憶方面扮演著核心角色，並隨之確立了邊緣系統在學習上的必要角色。

另外，在感覺接收及大腦運作二者之間，邊緣系統也位居關鍵界面的地位。由於邊緣系統具備這些條件，因此人們認為它已經成為大腦中的大腦。

（2）神經系統

人腦的活動依靠神經系統，從其所在的位置和功能上可分為中樞神經系統和周圍神經系統兩部分。兩

種神經都有感覺（傳入）和運動（傳出）纖維，它們分佈在全身，把腦、脊髓與全身其他器官連結起來，構成人腦、脊髓與人體各部分進行聯絡的通訊網絡，專門執行傳送訊息的任務。

組成神經系統的神經組織主要包括兩種細胞成分：一是神經細胞；二是神經膠質。神經細胞也稱為神經元，它既是構造單位，又是功能單位，是一種高度特異化的細胞，它一般都伸出較長的突起，具有感應刺激和傳導興奮的功能，是神經系統的主要成分；神經膠質則是神經系統的輔助成分，主要起著支持、營養和保護等作用。

神經元由細胞體與突起兩部分組成，胞體包括胞核及其周圍的胞漿，突起包括樹突、軸突和突觸。中樞神經元細胞體的集團稱為神經核，周圍神經元細胞體的集中處稱為神經節；神經元上較長的突起稱為神經纖維，神經纖維的末端分佈在其他組織中，形成各種神經末梢；在中樞集合成束的神經纖維稱為神經束，在周圍神經中集合成束的神經纖維稱為神經，構成腦神經和脊神經等。

神經系統的功能主要表現在以下三個方面：

一是協調人體內部各種系統（如循環系統、消化

系統、呼吸系統、泌尿系統、內分泌系統等）所屬器官的功能，保證支持生命活動的身體內部和諧統一。

二是對生命環境的調節功能，調整維持生命系統的人體功能使之順應自然，與生命的外部環境相適應。

三是生長與發展智力。人的智力生長與發展依賴於神經細胞之間建立起來的數以「兆」計的連結和錯綜複雜的訊息通訊網絡。它們相互之間的連接點越多，人的智力就越高。

（3）大腦是最嬌嫩脆弱的組織

大腦只佔人體體重的 2%，但它所需要的血液供給卻佔心臟總血液輸出量的 13.9%，所需要的氧氣供給佔人體總耗氧量的 18.4%。

從某種意義上說，大腦又是最嬌嫩脆弱的組織，它對缺氧、低血糖、血壓降低等等都很敏感。腦對缺血的最大耐受時限很短，正常體溫的動物在缺血後能完全恢復的上限為 6 分鐘。當然，耐受性的個體差異很大，也有在循環停止 1 小時後仍可恢復正常的。

腦血流的短暫中斷，血液中氧或葡萄糖含量降低到一定水平，都會導致腦功能的障礙、結構的損害，以至成為不可逆病變。大腦也是容易疲勞的組織，因

為大腦中擔負聯絡任務的突觸是很容易疲勞的。大腦也易受某些有毒物質的損害，例如，有機鉛、有機汞、汽油、有機錫、砷、鋁、硫化氫、一氧化碳等均可損害大腦功能。煙、酒也有損於腦。

腦功能狀態還與外界環境的物理因素有關。例如，強烈的陽光可引起「日射病」，損害腦的功能；高溫環境可導致神經系統的協調機能紊亂，使人反應遲鈍，注意力不集中；噪音的長時間作用可造成頭痛、頭暈、耳鳴、失眠、乏力、記憶力衰退、注意力分散等不良後果；擁擠、通風不良、綠化差、污染嚴重、陰離子少、陽離子多的環境，會引起精神萎靡、疲倦、失眠、頭痛等不良反應；過強或過弱的光照會削弱腦的工作能力。

大腦潛能的有效開發與利用

　　科學家發現，大腦所具有的潛能主要由以下幾個部分組成：一是處於動物腦中的人的原始感知功能；二是處於緣腦層中的對人感情活動的控制功能；三是人類祖先透過積累儲憶在新皮層中的睿智訊息；四是人類從出生以來積累儲憶在新皮層深處中的時代有用訊息。

　　這些潛能，一般都隱藏在大腦的深處，由於它們平時在比較順利的生活中很難派上用場，所以，在一旦用到時，它們就很難回憶出來加以開發利用，這就要借助於一些方法與技巧將它們挖掘出來。

　　特別是人類祖先的睿智訊息，由於它們是以基因的形式存放的，人在後天的成長過程中並不知道。所以，就有可能終生都不會去動用它們，任憑它們隨著生命的終止而報廢。

　　近年來，腦科學領域的幾項重大發現，為大腦潛能的有效開發與利用提供了令人歡欣鼓舞的有力證據。這些發現主要有：

一是腦細胞中各細胞纖維長度有差別，有的差別達 40% 左右，最長的樹突神經細胞位於人腦深處，使人能夠從事複雜的思維活動，滿足高智能的需求。人體細胞的訊息也借助於樹突傳達，人腦中樹突神經細胞越多，神經系統所能接收、加工的訊息也就越多，神經細胞的功能也就越強。

　　二是神經細胞在不斷變化，它們在不斷的與「鄰居」建立新的連結，同時取消舊的連結。這種現象很可能就是人學習知識過程的神經基礎之一。如果一些神經細胞習慣於一起活動，那麼，它們的連結就會得到加強，一個神經細胞活動就會帶動另一個神經細胞活動。

　　三是隨著年齡的增長神經細胞不會死亡，或者說很少死亡，在人的整個一生中都會有一些新的神經細胞產生。一些人的記憶能力之所以會隨著年齡的增長而下降，是由於這些人的一些神經細胞僵化，導致可塑性減弱了，加上用腦量減少，使樹突的數量減少了，這就使神經細胞失去了演變的能力。但對那些已經減少了樹突數量的神經細胞，若能被施以適當激勵（營養加智力刺激和體育鍛鍊），使大腦勤於運作、善於工作，則不但可以部分甚至可以全部恢復其原有的功

能，而且可以增強樹突神經細胞的生長，尤其是較長樹突神經細胞的生長，並增強神經之間的連結。這就為激發大腦深處的高級潛能創造了條件。

四是大腦不僅能夠終生製造新的神經細胞，而且這些新的神經細胞還會迅速參與新記憶的形成，即新海馬細胞的減少對依賴大腦其他部分的記憶沒有明顯影響，海馬區的新生神經細胞能夠幫助形成新的記憶。這就是說，在大腦發生了中風或其他疾病和損傷的情況下，也許還有復原的希望。

五是大腦具有自行調整功能區的神奇能力。當大腦的某一部分功能喪失後，大腦會從根本上給自己重新「佈線」。這似乎說明了對於腦部損傷者來說，他們的腦力仍然有著很大的開發潛力，這就是：只要他們持續對大腦進行適當的鍛鍊，仍然可以適應並學著去做那些受到損傷的大腦區域永遠不可能完成的工作。

六是只要加強大腦鍛鍊，控制自身的應急反應，培養性格溫良、心胸寬廣、豁達明理的心理素質，經常為自己營造一個快樂的心境，就能夠使新的腦細胞不斷再生，從而保持其腦力的長盛不衰。

超級記憶王！
高效奎閱讀法

多用腦、勤鍛鍊有助於
呵護大腦的健康

　　一個人的腦力是否有限？大腦是越用越靈活還是越用越衰退？爲了保護腦的功能，就應該少用腦嗎？

　　經過多年研究，有關學者對這幾個問題的答案是明確的：就一個人對他的腦的使用來說，其潛在能力可以說是無限的；腦不是越用越衰退，而是越用越靈活；爲了保護腦，應該多用腦，勤記憶，勤思考。這些回答並非是憑空的心理安慰，而是基於科學的觀察和研究。

　　從結構上看，人腦 140 億個神經細胞之間有著複雜的突觸連結，這種連結的組合用天文數字都難以表達。此外，有人發現，學習、記憶的結果，可使神經細胞的微細結構發生變化，表現在樹突上會「長芽」。

　　這樣的結構特點，就使腦成爲一個龐大的訊息儲存庫。有人估計，一個人的大腦在一生中儲存的知識，有可能達到相當於美國國會圖書館藏書（有一千多萬冊）的 50 倍。這就說明，每個人的記憶容量就其現

實性來說是無限的，是有空餘的地方的。隨著年齡的增長，死背的記憶的效果雖然逐漸降低，但有意記憶和意義記憶的能力卻在增長。另外，從二三十歲以後，人的大腦皮層神經細胞估計每天要死去 10 萬個，但到八九十歲，留下來的神經細胞仍然很多，大量的神經細胞還潛在未用。

根據日本的調查資料內容，工作緊張多用腦的人，智力比懶散者高 50%；平常智力負荷很少，沒有學習和思考方面的壓力，甚至整天無所事事、思想懶惰者，智力衰退較早，老年時易出現反應遲鈍、腦力不濟，以至老年性癡呆。還有不少心理學研究證明，學歷及職業的智力水平高的老人，比歷來智力活動較少的老人，腦的老化和智力的衰退要慢得多、輕得多。

因此，可以認為，懶於學習思考會使大腦出現廢用性萎縮，而追求知識、勤於思維，則是精神還童的妙藥。一個人是否努力學習、記憶、思考，不僅關係到事業的成敗，也關係到腦的健康。

人體是一個一致的整體，腦的最佳狀態自然要依賴於健康的身體。體質健壯，精力充沛，大腦的工作效率和對疲勞的耐受能力也強。而為了身心健康，看來持續體育鍛鍊，保持積極的情緒，培養多方面的興

趣,講究衛生,防治疾病,都是十分必要的。

　　體育活動是一種積極性休息,此時管理體育活動的腦細胞處在興奮狀態,而掌握緊張思考的腦細胞得到休息。運動能夠鍛鍊神經系統對疲勞的耐受力,加強大腦中供應能量的高能磷酸化合物的再合成過程,從而保持大腦的正常機能,使疲勞延期出現。工作間隙作短時的運動,還可使已疲勞的視覺和聽覺感受力提高 30%。由於活動促進血液循環和呼吸,腦細胞可以得到更多的氧氣和營養物,因而代謝加速,腦功能有所增強。這些都是體育活動對腦功能的即時性良好影響。從積累性長期效果來看,體育鍛鍊可以改善循環、呼吸、消化等各個系統的機能,增進身體健康,延緩腦力衰退,提高大腦活動的靈活性和準確性。

　　積極的情緒幫助大腦處於最佳工作狀態,人們把情緒分為消極的和積極的兩類:前者是不愉快的,如憤怒、悲傷、焦慮等,有損身體,也有損腦的工作能力;後者是愉快的,如喜悅、自信、安寧等,對身體有利,也有利於腦的工作。

▶ 科學用腦,呵護大腦的健康

影響記憶力發揮的常見因素

記憶力是人類自然賦有的能力，它是人類大腦的基本功能之一，但實際生活中，記憶力的強弱卻因人而異，即使是同一個人，在一生不同的年齡階段也會有較大差異。研究證明，一個人的記憶隨著年齡的增長而產生並不斷增強，而後又隨著年齡的不斷增長而逐漸減退。年齡是影響記憶力的一個很重要的指標，但在同一個年齡層，也會因自身的一些因素，使記憶力出現較大的差異。

生活中，我們常可以聽到一些老年人在感歎：「歲數大了，腦不中用嘍，總記不住東西。」其實，人進入中老年以後，隨著年齡的增長，出現記憶力下降的現象，完全是一種很自然的生理規律，這與老年人大腦機能衰退有著密切的關係。

首先是大腦血液和氧氣供應不足。人進入中老年階段以後，常有不同程度的腦動脈硬化、血管腔變窄的現象，而且隨著年齡的增長，血液中的脂質成分含量逐漸增加，血液黏稠度增大，都使得血流速度減緩，

血流量相應減少，造成與記憶有關的大腦顳葉、邊緣系統和乳頭體等部位血液和氧氣長期供應不足，從而促使神經細胞萎縮、變性，導致記憶力減退。

其次是大腦 DHA 含量下降。隨著年齡的增加，大腦中 DHA 的含量逐漸下降，腦細胞數目和神經突觸的數量不斷減少，神經間訊息傳遞的速度和質量下降，也導致了記憶力的減退。

良性的記憶力減退是中老年人不可避免的生理規律，中老年人對此不必太過介意。但如果發生嚴重的記憶障礙以至癡呆，給生活帶來了極大困難，那就要尋求專業醫生的幫助了。

青年時期是人一生記憶力的黃金時期，但現在也有越來越多的年輕人開始抱怨記憶力減退給他們的工作和生活帶來了困擾。對此，研究人員指出，下列因素在一定程度上損害了年輕人的記憶力：

（1）工作繁重、壓力大

壓力分為兩種：一種是情緒壓力，情緒可以是正面的愉快的，也可能是負面的，如恐懼或憤怒。一個人有良好的自制能力，情緒就會被壓抑。另一種是生理壓力，主要源於身體某方面的功能超負荷，如浮腫、暴飲暴食、過度工作等。

適度的壓力可以促進記憶力的發展。輕微的壓力比沒有壓力更能幫助人們發揮潛能；而嚴重的情緒危機和壓力會對記憶力造成不良的影響。

繁重的工作和生活壓力，令神經長期處於繃緊狀態，得不到放鬆，影響大腦正常運轉，如果壓力大，導致睡眠不足或睡眠品質太差，更會加速腦細胞的衰退。

（2）睡眠不足會影響記憶力

擁有充足的睡眠、保持清醒和睡眠的自然週期，才是最可靠的能長久促進記憶力發展的好辦法。

睡眠可以解除大腦疲勞，同時製造大腦需要的含氧化合物，為覺醒後的思維和記憶做好充分的準備。適度睡眠為記憶和創造提供了物質準備，尤其是快速眼動睡眠階段，對促進記憶鞏固起著積極的作用。而熬夜和過度睡眠都會損害記憶力。

（3）空氣污染

空氣污染或者長時間處於不通風的空調環境，令空氣中含氧量不足，也會降低大腦的工作效率。因為大腦是全身耗氧量最大的器官，平均每分鐘消耗氧氣500 ～ 600 公升。

（4）不良嗜好影響記憶力

適量的酒精可以幫助人們消除疲勞，使身體活性化。但酒精對記憶卻有百害而無一利，酒精對腦細胞的麻痺作用很可能導致暫時性記憶喪失。

研究證明，吸煙會加速記憶力喪失。如果人到中年還有吸煙習慣，記憶力受損會更加明顯。最新研究顯示，煙癮大的人，即一周抽上 15 根香煙以上的煙客，長期記憶與短期記憶都比常人差。

此外，專家還發現，沉迷於遊戲，或對電腦等新興設備太過依賴，導致人腦的使用率越來越低，腦機能逐漸下降。

（5）營養不足影響記憶力

據美國《洛杉磯時報》報導，適當食用富含天然神經化學的物質可以增強智力，也許還能防止大腦老化。這些有助記憶的食物包括水果和蔬菜、脂肪含量高的魚類、糖、維生素 B 等。

營養保健專家也發現，一些日常生活中常見的食品對大腦十分有益，如：堅果、全麥麵包、豆腐、南瓜、蛋黃、葡萄、柚、深海魚以及肝臟和肉類等。長期從事腦力勞動的人和學生，不妨經常食用。

然而，有一些學生因為時間匆忙不吃早餐或早餐營養不足，這會使他們的血糖低於正常供給，妨礙了

對大腦的營養供應，久之也會對大腦功能和記憶產生損害。

　　無論是屬於哪一類人群，一個人的記憶能力都不是一成不變的，關鍵是要懂得如何善待大腦，如適當的營養補充、充分的休息、合理的運動等等。只要真正做到科學用腦、護腦，再加上科學的記憶方法，相信良好的記憶力，對多數人來說絕不是遙不可及的夢想。

良好的睡眠對保持記憶力非常重要

最新的研究顯示：睡眠除了能幫助你恢復精力以外，睡眠還能顯著的改善你的記憶，保護記憶免受外界的干擾。

美國波士頓哈佛醫學院的研究負責人傑弗里指出：「睡眠對記憶的鞏固作用非常大，甚至超出了我們的想像。」他們的研究結果發佈在美國神經科學年會上。

在研究中，研究人員主要集中於睡眠對「陳述性」記憶的作用上，諸如特殊的事實、情節和事件。「我們的研究旨在瞭解睡眠是否對記憶的鞏固有影響，特別是對事實、事件和時間的記憶上。」傑弗里說。「我們已經知道睡眠對程序性記憶有幫助，比如學習一有新的鋼琴曲目，但是不能確定睡眠是否對百年來都在爭議的陳述性記憶是否有幫助。」

這項研究涉及 48 名 18 ～ 30 歲的成年人，他們都有正常、健康的睡眠規律，沒有服用任何藥物。他們被要求背記 20 組單字並在 12 小時後測驗回憶，然

後把他們分爲不同的環境組進行測試：在測驗前睡眠組，測驗前清醒組，測驗前有干擾的睡眠組，測驗前有干擾的清醒組。清醒的兩組在早上 9 點背記單字，在晚上 9 點進行測驗，整日裡保持清醒狀態。睡眠的兩組在晚上 9 點背記單字，然後入睡，早上 9 點進行測驗。另外，在測驗前，睡眠和清醒各一組要求背記另一組 20 對單字進行干擾，然後和其他兩組一起測驗，以瞭解干擾（競爭性訊息）對記憶的影響。結果顯示：睡眠對參與者的回憶有幫助，即使受到了競爭訊息的干擾後也是如此。

研究者發現，那些學習完單詞後睡眠的人成績最好，不管他們是否受到干擾，都能成功的回憶多數的單字。沒有受到干擾的睡眠組參與者回憶的單字組數比沒有干擾的清醒組多 12%（94% 比 82%）。而受到干擾後，兩組的差別就更明顯了：76% 比 32%。「我們非常驚訝的看到，數據比率是如此明顯的證實了我們的研究設想和努力。」傑弗里說。

德國神經學教授博恩說，本研究有力證實了睡眠在鞏固記憶方面的作用。

「考慮到在每個教育機構中（中學、大學等）主要從事的是以大腦海馬相關的記憶（陳述性記憶）爲

中心的學習，人們應該認識到：好的學習條件需要靠適當的睡眠來維持。」他說。

適當的睡眠還有其他的好處，紐約羅徹斯特大學睡眠研究所主任邁克爾說：「除了記憶外，研究顯示睡眠與身體功能、免疫功能、認知操作、情緒的調節都有關係。」

可見，疲勞會顯著地降低腦細胞的活動能力，記憶力也會隨著這種降低而減弱下來。因此，要想提高記憶力的人，必須經常調整自己的身心狀況，使腦細胞處於良好狀態。

人體對睡眠的要求，一般青壯年一夜睡 7~9 小時，少年幼兒增加 1~3 小時，老年人減少 1~3 小時。這是不同年齡段對睡眠量（時間）的需求。上床半小時內即能入睡，整夜不醒或醒一次，不是間斷多醒或早醒；不夢少夢，不是多夢或噩夢；睡眠深沉，不是似睡非睡，或易受環境干擾、驚醒。這是對睡眠品質的需求。

人類最佳睡眠時間應是晚上 10 時至清晨 6 時，老年人稍提前為晚上 9 時至清晨 5 時，兒童為晚上 8 時至清晨 6 時。這樣的睡眠時間符合自然界陰陽消長規律，長期違反這個規律，就會受到自然界陰陽消長

規律的制約，而發生失眠現象。

許多學生在複習功課時，由於覺得時間相當寶貴，因此睡覺都不敢多睡，怕浪費時間。由於睡眠不足，大腦昏昏沉沉的，因而睡眼惺忪的去閱讀、去記憶，其效果則非常差。

舉個例子，如果不熬夜記下了5件事情，然後去睡覺，睡眠中可能忘記了1件，到第二天早晨卻還能記得4件；而如整夜熬著去記憶10件事，但因為沒有睡覺而忘了8件事情，結果只剩下2件事還記得，這自然是得不償失。考試之前，即使拚命讀一整個通宵，也不會有多大的效果，其原因就在這裡。與其如此，倒不如感到疲倦就索性睡覺，第二天早晨頭腦清醒的時候再學習，效果會更好。

美國心理學家金肯斯與達登堡透過實驗發現：記憶事情後立即睡覺的兩個小時內，所記憶的事情會逐漸被遺忘，可是，兩個小時之後，便不會繼續遺忘。如果記憶事情後一直不睡，則所記憶的事情將會不斷遺忘，即使過了8個小時，遺忘的速度仍會繼續進行。

考試前的緊張不安是每個人都曾有過的經驗，如果緊張的情緒足以妨礙睡眠，你就可以對自己說：睡眠能幫助記憶，睡一覺後成績會比別人更好。以類似

的話來暗示自己，將會使自己安心入睡。

　　對於記憶來說，一定的休息時間會成為潤滑劑，使頭腦可以順利的進行記憶。

勞逸結合，避免使大腦過度疲勞

　　「不吃苦，事難成」這是幾十年前美國教育的基本思想。在街頭巷尾，在城鎮山鄉，在廉價的室內體育館，到處都可以看到為社會底層的人而寫的標語：「No Pain No Gain」。我國也有「忍耐是苦的，結果是甜的」這樣的警句。

　　美國和德國的醫學界評論了過去多年來一直支配教育理念的這種想法。所謂「痛苦」就是神經系統通知你身體不適的訊號。對痛苦忍耐多了，只會遲鈍神經，不會治療痛苦。我們的身體最明白這一點了。

　　據說，大腦也一樣。大腦和身體都要攝取營養。大腦如同肌肉，都有使用的極限。

　　有人做了一次實驗。一個人閱讀 100 頁的書，前10 頁的內容幾乎所有的人都記得很清楚，最後的 10頁誰也記不清是什麼內容。在多數情況下，即使有人記住了，那也是扭曲的記憶。

　　要想學習音樂，首先要在「聽」字上下工夫。一邊要仔細聽取每一個細節，一邊要注意分析每一個音

符、音調、音色、節奏以及它們之間的相互關係等。這就需要注意力的高度集中。怎樣才能做到注意力的高度集中呢？

有學者提出，5分鐘專注，5分鐘完全休息，才能達到極大限度的提高集中注意力的效果。要做到一般的專注，則需要每50分鐘休息一次，一次休息10分鐘。或者這10分鐘做一些毫不相干的別的事情，讓緊張的神經鬆弛一下。若不然，大腦就會因過度的疲勞而停止轉動，什麼訊息也理解不了，什麼訊息也記不住，什麼訊息也處理不了，最終身體會因為疲勞而感到痛苦，於是發出休息的訊號。連續學習三四個小時的學生伸懶腰打哈欠的原因就在這裡。

身體要休息，大腦也要休息。要想使大腦長期有效的運轉，必須讓它有規律的休息。有的人擅長於跑馬拉松，有的人則擅長於跑1000公尺。學習也一樣，有的學生只能持續五分鐘，有的學生則能持續較長的時間。但是再優秀的馬拉松運動員也不能天天跑馬拉松。跑1000公尺也一樣，如果連續跑，第二次、第三次的速度肯定會逐漸減慢。

要多用腦，這是從整體來說的，但就每天、每次的腦力活動來說，又必須注意保護腦，不可使腦過度

疲勞。為了科學、合理的用腦，需要注意下面幾點：

（1）及時作短暫的休息

腦力活動是腦內旺盛的代謝過程，時間長了，消耗的營養物質和堆積的代謝廢物增多，達到一定程度，就會感到疲勞。一般說來，大腦連續進行緊張智力活動的時間不宜太長——學齡前兒童 15 分鐘左右，中學生 0.5～1 小時，成年人約 1.5 小時，便應當有一小段休息時間。

（2）學習和工作穿插安排

交替學習內容差別較大的不同課程，比長時間讀一門功課的效率高。這樣做，可使大腦管理不同功能的部位得到輪流的興奮與抑制，避免長時間使用一個區域，以保持大腦的高工作效率。

（3）生活要有規律

有人透過試驗證明，長期生活在沒有陽光和鐘錶的地洞裡的人，體溫、心率、活動情況等仍然保持著大約 24 小時一個週期的正常睡醒節律。如果我們的生活作息制度與睡醒節律相一致，那麼，只要我們一上床就會很快入睡，一到起床時間就會自然覺醒。相反，不定時起床就寢，任意顛倒睡醒節律，就會影響身體健康，甚至產生神經衰弱和其他疾病。

有規律的生活制度還有利於大腦皮層把生活當中建立起來的各種條件反射形成固定的「動力定型」。也就是說，如果每天的各項活動經常以相同的順序和固定的時間間隔出現，就會透過大腦皮層的綜合作用，把一系列活動連結起來，形成一個內部神經過程的系統，即「動力定型」，從而使各種腦力和體力的活動進行得更容易，更熟練，更省力。

（4）保持足夠的睡眠

　　睡多的長的時間才算夠呢？成年人每天平均要睡7～9小時。睡眠的好壞並不全在於「量」，還在於「質」，即睡眠的深度。深沉的高品質的睡眠，消除疲勞快，睡眠時間可減少。總之，不能一律規定每人每天睡眠時間為8小時，而應該根據睡醒後的自我感覺是否良好，來判斷睡眠時間是否足夠。過多的睡眠不但沒有必要，反而有害，會使頭腦昏昏沉沉的，不能保持正常工作所必需的興奮水平。

在日常生活中要多進行運動健身

　　心理學家認爲，人的能力由七種原始因素構成：計算、詞的流暢性、語義、記憶、推理、空間知覺和知覺速度，其中前三種屬於左腦主管的功能，其餘屬於右腦的功能。

　　沒有形象思維的參與，任何記憶、推理是無法進行的，即使是高度複雜的邏輯推理和晦澀的哲學語言，也是一種高度形象思維的概括。

　　空間知覺和知覺速度，對於創造性思維至關重要，與右腦發達直接相關。體育運動對人的空間知覺和知覺速度的發展產生著最佳的效果。如男孩子從小就熱衷於奔跑、攀登等體育運動，促進了他們的空間知覺和知覺速度的發展，從而發達了右腦。這就是爲什麼在物理、天文、數學、哲學等領域中，男性學者佔優勢和多數的緣故。

　　國外的一項實驗證明，兒童在上午第二節課後，進行二十分鐘的活動、遊戲，第三、四節課智力活動能力可提高2～4倍。對中老年人的對比研究也證明，

長期的坐臥，肌肉處於鬆弛狀態，不僅破壞了人的正常生理機能，而且也極大的干擾了智力活動，受試者因此厭倦外界刺激，不想看書，記憶力下降，甚至出現類似精神失常的表現，大腦的工作能力嚴重下降。

美國戴維斯、庫珀等人做的研究證明，學生時代非運動員的智力能力可能略高於運動員，但運動員在結束運動時，智力能力會達到更高的級別。青壯年時期人的體力和智力達到了高峰，且智力的增長優於體力的增長，這時相當一部分智力活動屬於創造性活動。這個時期的體育鍛鍊對智力活動的強度、靈活性、準確性和持續性都起著良好的作用。

就一般情況而言，身體健康，愛好體育運動和熱愛生活的人，精力充沛，學習力強記憶力當然也強，人們在鍛鍊身體時可以促進大腦自我更新。專家認為，長期的心血管運動，可以減少因年齡增長出現的腦組織損失，可以減輕記憶力衰退。

多項研究證明，要保持大腦活躍，只需經常運動。一周運動三到四次的在校兒童，在 10 歲或 11 歲時考試成績一般都較高。經常走路的老年人，在記憶測試中的表現要比那些慣於久坐的同齡人好。透過向消耗能量的大腦輸入額外的氧氣，運動能增強智力。

挖掘大腦的潛能，培養和造就知識豐富、智商較高、富於進取心和具有創造力的人，其一條途徑就是體育運動。

　　體育鍛鍊能夠增強人的體質，使神經、骨骼、肌肉、心臟、呼吸、消化等器官系統功能得到更好的發揮。體育鍛鍊，對於神經系統，特別是對於大腦功能的增強起著很大的作用。在體育鍛鍊時，每一個動作都由大腦來指揮，調動全身各大系統協調參與完成。經常進行體育鍛鍊，能夠提高大腦皮層活動的強度、均衡性和靈活性，進而提高大腦皮層的分析和綜合能力。這無疑是有利於改善記憶力的。

　　根據資料顯示，人腦僅佔人體重的 2%。但要消耗人體 20% 的氧氣。大腦每秒會發生約 10 萬種不同的化學反應，腦組織的能量主要是來自於葡萄糖的有氧氧化，如果大腦供血供氧不足，大腦就會處於「氧飢餓」狀態，接受能力、理解能力、記憶能力下降，思維過程中就會出現干擾訊息或思維空白性間斷，注意力不能集中，甚至頭暈、眼脹。腦血流圖研究證明：一般的智力活動時腦血流需求增加 8%，邏輯推理活動時增加 10%，數字計算、記憶搜索和抽象思維時腦血流需求增加 12%。因此，滿足腦組織在智力活動時

的血流需求量是很重要的。只有大腦的血流供應充沛，智力思維才能思如泉湧。而最有效的方法無疑是有氧健身運動和有氧健腦運動。

英國《衛報》引用了劍橋大學行為神經學家蒂莫西‧伯西的話報導：「我們知道運動有益於大腦健康，但最新研究證實這一原理何在。」

英國班戈大學副教授斯坦‧科爾孔布說：「根據數據顯示，由於經常運動而產生的神經元會幫助人們提高認知能力。」

不少有重大學術成就的人曾說自己喜愛運動。2001 年諾貝爾物理學獎獲得者、德國物理學家沃爾夫岡‧克特勒就是其中一位。「我在跑步時什麼都會想：物理知識、家庭問題、週末計劃……」他說，「雖然我不會在跑步時有重大發現，但它給了我思考問題的時間。」

俄羅斯著名作家列夫‧托爾斯泰非常重視體育活動。他曾經說過：「埋頭從事腦力勞動，四肢不活動活動，這是一件極其痛苦的事情。如果不活動，我在晚上看書寫作時，就會感到頭暈目眩。」

日本教育學者為了進一步開發國民的右腦，特別提出要增加體育課時數，透過遊戲和體育去進一步開

發右腦，甚至把體育和遊戲提到僅次於社會勞動生產力的「第二勞動力」的高度。

那麼，為了提高記憶力，在日常生活中該如何進行運動健身呢？如下幾點建議非常實用：

1. 凡可用手提、肩背的東西，就絕不採用其他方式，或借助工具。

2. 只要可以步行，就放棄一切代步工具。

3. 盡量爬樓梯上樓，而不是乘電梯。

4. 每週爬山或跑步一次。

5. 經常抓東西以提高手力。

6. 適時做一些腰、背、頸部的肌肉的練習。

7. 定期進行打羽毛球，練啞鈴，游泳等體育活動。

為維護大腦的正常功能
提供必要的營養

　　從工作狀態來看，大腦的正常功能有賴於及時供給足夠的糖類、蛋白質、脂類、維生素和鹽類等營養物質。

　　食物中的澱粉等糖類物質，經過消化變成葡萄糖，吸收到血液中，這就是「血糖」。正常情況下，每 100 毫升血液中約含葡萄糖 100 毫克。大腦代謝的一個重要特點是它幾乎完全依賴血中的葡萄糖來供給能量。人腦對血糖含量的降低極為敏感：當血糖降低到 60 ～ 90 毫克時，就會出現低血糖症狀；降低到不足 45 毫克時，會嚴重影響腦組織的機能，以至出現低血糖昏迷。

　　蛋白質是不斷更新腦細胞構築、維持腦細胞功能的重要物質。根據資料內容顯示，全身的蛋白質約 80 天更新一次，而腦中蛋白質則 3 個小時便需更新。這說明，及時給腦提供足夠的蛋白質是多麼重要。

　　現在，關於記憶機轉的一種學說還認為，長期記

憶與蛋白質分子的合成有關。

　　脂類在腦內的含量很豐富，尤其是卵磷脂含量很多。有人指出，服用卵磷脂以及蛋黃、魚肉等可增加腦內乙醯膽鹼含量的食物，有助於改善腦的功能。

　　維生素B1、B3和C，鈣、鉀、鐵、磷以及錳、碘、鋅、銅等微量元素，都與維持大腦的正常功能有關。日本生活醫學研究教授指出，五種有利於改善腦功能的食品是牛奶、沙丁魚、菠菜、胡蘿蔔、橘子。事實上，對腦功能很重要的那些營養物質，都可以從普通食物中獲得。只要不偏食，食物多樣化，便可滿足大腦和整個身體對營養的需要。

　　還需要強調一下，一天中飲食的合理分配。一日三餐，要盡量做到定時定量，按照「早吃好，午吃飽，晚吃少」的原則來分配。特別要注意「早吃好」，這是近年來營養學家對人類飲食與工作效率的關係作了大量的研究之後得到的新認識。早餐的質量不僅影響上午，而且影響整天的工作和學習效率。早餐不僅要有足夠的糖作為能量的來源，而且還要有一定數量的蛋白質和脂肪。

　　在科學健康飲食方面，營養學家為我們提出了如下建議：

（1）憑直覺吃東西，別信任理智

味覺與嗅覺是最佳的飲食指南。而你認為對健康確實有益的營養食物，顯然是忽略了人類的智慧。只聽別人的忠告，不顧自己味覺的好惡，便是愚不可及的。吃是人生一大享受，健康的飲食並不意味著必須犧牲吃的樂趣，你應該選擇適合自己口味的食物。

（2）細細品味食物

消化系統反映出人的心理狀態，所以許多消化不良的問題和壓力過大有關。生氣、焦慮或心神渙散，都會影響消化吸收。如果你有邊用餐邊聽新聞（看電視），或者邊吃飯邊開會的習慣，這顯示你並沒有把吃東西當一件正事看待，吃什麼不重要，身體如何「處理」吃進肚裡的食物才是重點，細嚼慢嚥，你的身體才能有充分的時間完全消化食物。

（3）盡量攝取種類不同的食物

攝取種類不同的食物，有兩點好處：

第一，你可以得到身體必需的各種營養，任何維生素、礦物質和其他營養成分都不虞匱乏。醫學界尚無法完全瞭解人類所需要的全部營養。比如鋅這種元素，近年來才被列為重要營養元素之一，為了確保營養充分、均衡，多吃各種不同的食物才是最明智的。

第二個好處是較為消極,可以避免吃下過多的「壞食物」。我們日常所吃的食物裡,含有多種毒素,無論人工食物還是自然食物,都不是絕對安全的。許多食物中的毒素,可透過烹煮而消除。吃生食的習慣並未獲得醫學界的支持。花生、豆類、紫菜等自然食物,都含有不同的毒素,但這並不表示你必須對這些健康食物敬而遠之,只要注意別吃過量即可。

除了天然的毒素外,人工毒素更是可怕,除草劑、殺蟲劑、抗生素等,都是食物中經常含帶的人工毒素。現代人受過這些毒素的傷害,可說是程度匪淺,專家們都在討論預防這類毒素的方法,在此只能呼籲大家盡可能吃各種不同的食物。

(4)盡量吃新鮮的食物

冷凍、罐裝、乾燥和煮熟後包裝好的食物含有脂肪、鹽分和糖,以及不應有的人工添加物,事實上,加工食品不及新鮮的食物好吃,只要你遵從味覺的引導,自然就會逐漸放棄不健康又不好吃的加工食物,改吃新鮮的食物。

寧可少吃、不可過量。經實驗證明,每天被餵食物的卡路里量低於標準需求的動物,平均壽命較長,也較少罹患疾病。事實上,一些科學家開始認為,微

量的「營養不足」對身體有益無害。攝食過量的營養食物，並不能保證會更健康。減少食物的攝取量，可說是一件知易行難的事，因為吃本身具有社交、休閒、娛樂等多項功能，這些並不是單純的知識可控制的。我們的祖先歷經食物匱乏的恐懼，也培養出充分攝取食物養分的本能，這種本能到了食物過剩的現代，帶給人們永無止境的煩惱，體重過重是現代的文明產物之一。美食當前，還是少吃為妙，不妨嘗試少量多餐或改變烹調的方法，減少攝取過度的熱量。

（5）食物簡單好處多

大廚師的烹調手藝，往往表現在食物的色、香、味上，刺激口味的功能大過提供營養。多數人都喜歡品嚐新菜色，料理精緻的大餐總是讓人食慾大振；不過，美食佳餚吃多了，要當心會失去欣賞簡單食物的能力。你還能品味一根白水煮玉米或一片全麥麵包的滋味嗎？燙青菜、烤地瓜、剛摘的番茄、清蒸魚，或簡單的生菜沙拉，都是最簡單的食物，如果不能欣賞這些原味，你的口味恐怕得好好重新培養一番了。

專家們並不鼓勵大家以粗茶淡飯草草果腹，美食當前，仍可大快朵頤，只是為了健康著想，別讓自己喪失對原味食物的品嚐能力。學著喜歡並烹調簡單而

不失原味的食物，將受益無窮。

（6）營養要均衡

營養均衡這個老生常談的問題，真正的含義是什麼？均衡的飲食顯然是能提供人體三種基本營養成分，即碳水化合物、脂肪、蛋白質。你必須瞭解這些養分的本質及它們對人體的重要性，然後才能明智的選擇食物。

調節大腦的功能，預防神經衰弱

　　腦力是記憶和創造性勞動的必需條件，如同體力勞動不能沒有雙手一樣，腦力勞動離不開健康的大腦。可是，不少現代人常感腦力不足，甚至造成神經衰弱，心情焦躁不安。他們的處境是值得同情的。

　　目前，尤其是青少年罹患神經衰弱常見原因有三個方面：一為學習負擔重，二為精神因素，三為體質下降。在青少年學生中，雖以不善於承受繁重的學習任務而致病者為多，但往往還摻雜精神因素和體質狀況的影響；三種原因又互為因果，致使病因難以徹底去除，這是很多患病青少年久病不癒的癥結所在。

　　從病因入手調節大腦的功能，是治療神經衰弱的根本措施，也是預防神經衰弱的重要方式。為此，應當注意以下三個方面。

（1）學習時注意調節腦力

　　腦力緊張帶來了腦力疲勞。腦力疲勞發生時，使人感到注意力不能很好的集中，思維變得遲鈍，繼而頭昏腦漲甚至頭痛起來。腦力疲勞是一種訊號，它代

表著大腦由興奮過程在向抑制過程轉化，提醒你該休息一下了。所以，疲勞是身體的一種保護性反應，抑制是大腦的一種保護性機能，可以防止過度興奮引起神經細胞功能的衰竭。

大腦活動的基本規律是興奮和抑制過程的交替，這就告訴我們在緊張的學習生活中應安排適當的休息。

休息的方式有很多種。一般來說，連續學習一個小時，至少應休息 5~10 分鐘。比如，到戶外散散步，呼吸一些新鮮空氣。但不宜做劇烈運動，否則會影響接下來的學習；劇烈活動最好安排在下午 4 ～ 5 點鐘進行。

睡眠是生理狀態下全身最廣泛的休息，青少年學生每天至少應維持 8 小時睡眠，才足以消除一天的疲勞。中午最好能小憩片刻，這不僅有利於消化，而且能使下午和晚間的精力充足。

對青少年來說，一天中精力最佳的時間是在上午，可以安排較大比重的學習內容。不過，經過一夜睡眠，早晨起來最好做些輕微的體育活動，這樣有助於解除睡眠造成的身體疲勞感，調動起身體的活力，使大腦更好的投入戰鬥。

大腦活動的另一個特點，就是某個部位興奮時常伴隨其他部位相對的抑制。因此，我們還應該制訂出一套科學的學習方法。比如，學習中單一的使用看、聽、讀、寫或單純的思考，比較容易發生疲勞；而如果幾種方法配合或交替使用，不僅不易疲勞，還可提高記憶效率。同樣，學習內容上在注意連貫性的同時，也要注意交替性；做習題累了，如果唸唸外文，就可暫時減輕一些疲勞感。

（2）發揮精神的能動作用

　　保護大腦的另一個重要方面，就是要避免精神因素對大腦的傷害。不論是強烈的精神創傷或持久的消極情緒——如悲觀、抑鬱、苦悶，都可以造成大腦機能的失調，產生神經衰弱。

　　情緒不穩定是青少年心理的一個顯著特點，加上青少年在生活道路上面臨著諸如升學、就業、戀愛、婚姻等重大課題，心理上經常存在著矛盾衝突；即或是平日的學習生活中，也會有這樣或那樣的心理負擔。另一方面，青少年又具有富於幻想的特點，願望與現實間也經常會發生矛盾。在罹患神經衰弱的青少年身上，往往不難找出以上列舉的原因。青少年發病者了學習用腦過度外，精神因素也往往起著重要作

用。

學會情緒的積極轉移，是排解不良情緒的有效辦法。即透過他人幫助或自我疏導，解除精神負擔，或者變更精神刺激的意義，學習用辯證的觀點，一分爲二的分析問題，用「失敗乃成功之母」以及「塞翁失馬，焉知非福」等道理鼓勵自己，把消極情緒的原因化爲積極情緒的動力。

排解不良情緒的根本辦法在於建立良好而穩定的心理狀態，使積極情緒充滿心境。積極情緒——如樂觀、進取、奮鬥的精神，最能展現精神的能動作用，使人朝氣蓬勃，不知疲倦。

（3）體質強則神經健

大腦不斷的需要血液帶來的氧氣和養料，也要不斷的排出代謝廢物，因此，它與循環、呼吸、消化、泌尿等系統都有密切的連結。事實上，在身體的一些急性病和慢性病的病程中，都有可能引起或助長神經衰弱的發生和發展。

健康的體質可以促進神經系統的機能。爲此，青少年學生應當積極鍛鍊身體、增強體質。體育鍛鍊已被公認爲促進健康和延緩衰老的要素，對於保持和增進大腦的工作能力同樣具有良好的影響。

體育鍛鍊的方法很多，對青少年來說，可以結合自己的興趣和體力狀況進行選擇。除了體育鍛鍊外，增強體質還應包括營養預防疾病等措施。營養雖不是腦力的決定因素，但腦力勞動同樣消耗能量物質，必須獲得必要的補充。事實上，緊張的腦力活動所帶來的生理上的消耗，並不亞於一個體力勞動者。從事腦力勞動的人，消化機能往往比較差，這就需要既富有營養，又易於消化的飲食了。

讓頭腦更加靈活的腦力健身操

　　有關專家的研究顯示，透過腦力健身操經常鍛鍊我們的大腦，可以讓我們的頭腦更加靈活，記憶更強大，而且可以減少罹患某些疾病的機會。專家建議我們，每週要努力做以下活動至少四次：

（1）分析、評論的閱讀

　　閱讀中經常停下來提出問題。作者想說什麼？角色之間有什麼關係？在閱讀過程中定期複習，可以讓事實、事件和角色的細節在頭腦裡保持新鮮，這有助於鞏固記憶。

（2）多使用左上肢及左下肢

　　記住，左腦控制你的右半邊身體，右腦控制左半身。如果你習慣用右手，試著用左手撥電話或刷牙。你會發現這麼做的時候幾乎必須重新思考。這樣的活動有助於鞏固認知銜接能力。

　　生理學家提倡在日常生活及運動中，要多使用左上肢及左下肢，尤其要多用左手活動，以減輕大腦左半球的負擔，從而加強大腦右半球的協調機能。這是

增強記憶力的有效方法。

（3）持續寫日記或部落格

我們會組織思路，並用一種邏輯模式把它們寫下來，而且我們自己或任何你願意與之分享日記或部落格內容的人，都能理解這種模式，這樣做有助於精練我們的思維方式。

（4）縱橫字謎遊戲

難度不必特別大。這麼做是為了訓練左腦以邏輯方法處理解謎線索，然後右腦會綜合這些線索，進入科學家所謂的「啊哈！成功了！」的境界。

（5）有意識的擴充詞彙

豐富的詞彙可以提升一個人的創造力，並有助於攻破社交和商業障礙，因為這些障礙往往是由特殊的詞彙構成的。更重要的是，豐富的詞彙有助於闡釋周圍的世界，幫助你把複雜的思想和觀念精煉成簡單的字句。

（6）改善記憶力，多做一些記憶遊戲和練習

如：出門帶著採購單，但購物時不去看它，最後再檢查自己是否已經買齊；將昨天打過的電話在腦子裡回想一遍；在下午之際可回憶一下上午做了什麼事情，再想想一周前或者一個月前自己都做了些什麼；

在超市將要付的金額總數在頭腦中，粗略的估算一遍。

（7）參加象棋、跳棋或益智遊戲

這類遊戲能促進我們的空間意識、邏輯、辨識模式、想像力和創造力。

（8）運動

體能鍛鍊顯然有助於提高心智能力。定期做有氧運動的人表示，他們定計劃更容易，注意力更集中，壓力也更輕。

（9）學習演奏一種樂器

你不需要立志加入搖滾樂團，只要敢去學習演奏一種樂器就行了。針對音樂家大腦細胞的研究顯示，他們每個神經細胞上的樹狀突多達一萬個，這對閱讀、翻譯、演奏音樂都是一種優勢。這是一種非常有利於腦器官的鍛鍊方法，彈琴時眼看樂譜，大腦則根據樂譜內容對手指發出種種指令，然後手指與大腦緊密配合做出複雜而快速的動作，這一系列默契的配合和手指的動作，對大腦是一種有效的鍛鍊。因而專家們比喻為「大腦在長跑」。科學家的另一新發現：手指與大腦之間有著有機連結，彈琴動作本身就促進60% 以上大腦皮層在積極活動，此時腦部的血液循環

比平時多增加 5% ～ 15%，這有利於健腦和增強記憶力。

（10）學習語言

你不必立志學得朗朗上口。學外語會用多種大腦技巧和區域，包括記憶詞彙、聆聽技巧、想像力、閱讀等。

（11）咀嚼

英國諾森布里亞大學公佈的一項研究證明，咀嚼口香糖有助記憶。研究人員認為，嚼口香糖時不斷的咀嚼動作加快了心臟的運動，增加心臟向頭部供應的血液量，從而促進大腦活動，提高人的思維能力。同時，咀嚼促使人分泌唾液，而大腦中負責分泌唾液的區域與記憶和學習有密切關係。腦部的海馬回細胞，也就是管學習的部分，會隨著年紀漸大而衰微，短期記憶力也會衰退。研究人員用掃瞄方法，發現咀嚼的動作或下巴的張合，可以增加海馬回區內的細胞活動，防止其老化。他們對老鼠做了實驗發現，牙齒拔掉的老鼠，在同樣老化的過程中，記憶力不如牙齒完好的老鼠。

（12）玩考眼力之類的遊戲

由大量的實踐證明，在持續玩此類遊戲（比如

眾所周知的「連連看」）一段時間內，人的記憶力可以迅速提高！這並非子虛烏有，不信，你可以試試：當你在前幾次玩的時候，你會經常忘記剛剛看到的東西，而經過一段時間的訓練以後，你會發現，亂點都能找出一對——為什麼？難道是你的運氣突然加強了？其實不是的，那是你的第一感已經提高了。

因為你在不久前看到的圖片在你腦海裡面「存」了下來，當你再次看到原圖的另外一張圖時，你自然而然手就自動點擊下去，而這時也許你的頭腦都還沒反應過來，僅僅是憑藉你的記憶力達到的。

超級
記憶王
SUPER MEMORY

▶ The Most
Efficient Reading Skill.

保持良好心情，
激發最佳腦力狀態

SUPER MEMORY The Most Efficient Reading Skill.

　　向微波蕩漾的湖水中投擲石子，蕩起的波紋會立即消失。

　　但是，向平靜如鏡的湖水中投擲石子，蕩起的波紋卻很難消失。

　　這是日常生活中誰都知道的自然現象，然而可以說，在我們的頭腦裡也有同樣的情況。

　　當外界環境適宜、身心舒暢的時候，我們的記憶裝置──大腦皮層才會安靜下來，並記得來自外部的訊息。

快樂的心情有助於激發人的潛能

　　在某種程度上可以說，人生中的奔波勞碌、競爭搏擊、發明創新，無不都是為了求得一份好心情。但從激發人的大腦潛能來說，好心情就尤為可貴；快樂比能力更重要。因為，它們是生活的鍾靈之氣，能讓生活的神韻與智能思維奔騰流動，張揚大腦的想像能力，使想像可以天馬行空，充滿著詩情畫意；好心情還是大腦的清潔劑，它能使心靈淨化，雜念盡除，保持思維的純潔，這會使流入大腦的氧氣與營養物質得到最充分而有效的利用，對保持腦力、發揮潛能有莫大的助益。

　　因此，保持快樂的好心情，可以持續不斷的激發自己的潛能，這是有效增強記憶力不可缺少的無價之寶。

　　但在現實生活中，人人都想尋求一份好心情，卻常常求而不得。這絕不是因為「好心情」太難求，也絕不是因為好心情不常有。只是由於我們自己遺失了「和諧」（和諧自己、和諧社會、和諧自然）這個法

寶，以至常常在不知不覺、又不經意中蒙蔽了自己的心靈，偏離了自己的目光，結果對身邊的快樂視若無睹，與好心情失之交臂、拒之門外。其實，快樂的事情就在我們的身邊，它一直與我們如影隨形，環繞在我們的身前身後。正如亞伯拉罕·林肯所說：「只要想快樂，絕大多數人都能夠如願以償。」生活的權利握在自己的手中，命運的主人是我們自己。只要我們始終把和諧這個法寶印在心裡，有決心、有信心為自己的生命與抱負負責，那麼，我們就一定能夠時時刻刻都擁有一份充實愉悅的好心情。

為了時刻保持一份好心情，最主要的有兩點：一是需要在一生中注意保持一些有益的情緒；二是要時時為自己創造一個好心境。

有益的情緒主要有：

（1）愛與溫情

如果有人對你大發脾氣，你只要始終對他施以誠懇的愛心及溫情，很快就會使他改變當初的情緒。

（2）感恩

感恩也是愛的一種表達方式。如果我們常存感恩之心，人生中的積極情緒就會長盛不衰。

（3）好奇心

好奇是一種偉大的力量。如果在生活中多帶些好奇心，那麼你就會發現生活中處處都有奧妙之處，隨著而來的就是永無止境的學習和探索將陪伴你的整個人生。這樣，積極情緒也就越來越高漲。

（4）振奮與熱情

如果在平時不論做任何事情都能帶著振奮與熱情，那麼，即使最平常、最單調的事情也會變得多彩多姿，你的心中將會把遇到的每一個困難化為一次機會。這樣，負面情緒就會蕩然無存。

（5）毅力

毅力能決定我們在面對困難、失敗、誘惑時的態度，是倒下去呢，還是屹立不動。它是積極情緒的支柱，有了它，負面情緒就不會沉落心底。

（6）彈性

在人的一生中，都會遇到諸多無法控制的事情，但只要你的想法和行動能保持彈性，那麼生活就會永遠充滿陽光，負面情緒當然就不會滋生。

（7）信心

在生活中，只要你在心裡建立了「有信心」的信念，並在行動中逐步培養它，你就可以真正獲得信心。到此時，成功會向你走來，積極情緒也就不會離你而

去。

（8）快樂

人的快樂有兩種：一是內心的快樂，它能給人生帶來希望、給周圍的人帶來同樣的快樂；另一種是臉上的快樂，它具有消除害怕、生氣、挫折、難過、失望、沮喪、懊悔及一切不如意的地方。當你遇到什麼不幸時，即使心裡有苦處，也要在臉上表現出快樂，這樣，就不會有太多的行動訊號引起你的負面情緒。而一旦你學會了如何保持快樂的心情，那麼，就有可能會改變你生活中的許多事情。

（9）活力

人有活力才能應付生活中的各種問題，也才能控制生活裡的各種情緒。為此，保持充沛的精力就是重要的前提，這可以透過持續工作中的勞逸結合、維持充足的睡眠、鍛鍊身體等方法解決。

持續利導思維，保持愉快心情

　　利導思維也稱為肯定性思維，它的含義是遇事要採取樂觀開朗的態度，向前看，把事情往好的方向去思考。它的對立面就是弊導思維，也稱為否定性思維。當人在遇到外界的刺激時，都會有「覺得不痛快」或者「覺得很愉快」的心理感受。人們往往認為，這只是一種抽象的思考，「不過是想想而已」，不會造成任何精神負擔。其實，這種隨心所欲、自由自在的「想想」，都會在大腦裡變成物質，進行化學反應，使身心產生某種變化。因為，任何思考都需要消耗能量。在消耗能量的時候，大腦內一種稱為 POM 的蛋白質會在腦內進行分解，並根據「不痛快」或「愉快」的不同心情，採取不同的分解方式。

　　在心情「愉快」的情況下，或者遇到非常能影響自己情緒的事情，能夠採取樂觀、大度、向前看的態度，以泰然處之，蛋白質就會分解成副腎皮質激素和內啡肽。前者可以起到解除身體緊張的緩和劑的作用，後者則可以解除精神上的緊張。

相反，在心情「不愉快」的情況下，蛋白質會加速分解成腎上腺素和去甲腎上腺素，還會產生活性氧。它們都會對身心造成極大的損害。

因此，當在生活中遇到會影響情緒的外界刺激時，如何看待和處理這些事情的本身，就會直接在大腦中產生截然不同的物質，影響腦力潛能的發揮。

有關學者發現，利導思維影響腦內訊息傳遞機制。人的身體以至生命都是由大腦控制的，神經細胞密密麻麻，有如電路一樣，連接著所有的身體細胞。大腦中樞神經是制定命令和決策的控制中心，並透過激素將命令傳遞給某個或某些身體細胞。

激素是大腦訊息的傳遞者，也是傳遞訊息的物質。大腦透過它向全身傳遞指令，在這種情況下，身體內相應的細胞也分泌同樣的激素，並透過這種激素接受訊息、分析訊息，根據命令採取行動。

在細胞生物學中，任何能夠與激素、神經遞質、藥物或細胞內的訊號分子結合並能引起細胞功能變化的生物大分子，皆被稱為受體。

據美國切斯特大學的神經生理學教授戴維·菲爾頓在研究中發現，受體不僅在大腦中存在，體內各個地方都存在著受體。比如，在人體的免疫系統中發

揮著重要作用的是一種稱爲 NK 的白細胞。當大腦分泌出 β 內啡肽時，NK 細胞就十分活躍，使人的免疫能力隨著提高，從而更能增強大腦活力，有效的防禦疾病，維持身體健康。不僅如此，當 β 內啡肽分泌時，人的記憶力、鍛鍊的耐力等，都會明顯的增強。

人是有高級思維邏輯的動物，並對發生在周圍的任何事情都會表現出不同的情緒反應，但這些情緒反應都是經過「心靈思考」之後得到的結果。

心理學家發現，人的精神活動是處於良性循環還是惡性循環，完全可以由自己的思維來決定。下面是幾種常見的、有助於養成利導思維思考問題的方法，充分利用它們，可以使自己形成良好的習慣。

（1）自我挑戰

遇到問題時對自己說：「這給我提供了一個解決這類問題的機會，我相信我能面對這個挑戰，並能把這個問題圓滿解決好。」

（2）此時此地

這種思考方法是從發展的角度看待問題。比如，一位很胖的女生一直覺得同學瞧不起自己，所以經常以反常的行動來維護自己的自尊，其結果反而惡化了與同學的關係。經過心理咨詢以後，她學會了「此時

此地」的思考方法，一旦意識到自己又把同學的行爲和自己被人輕視的經歷連結起來以後，就立即對自己說：「那只是過去發生的事情，現在如果我表現好，同學根本不關注我的肥胖，所以我現在就要有好的表現。」她持續這樣思考問題，漸漸的她發現她和同學的關係開始向積極的方向轉變。

（3）抓大放小

人們陷入消極情緒，有時是因爲過度關注一些雞毛蒜皮的小事，往往把事情鬧得很大，以致使問題越來越多。有的學生考完試後，喜歡和同學對答案，一旦發現自己錯了一題，就很難過，很擔心，並責備自己怎麼那樣粗心，那樣無能，越這樣想，越覺得問題嚴重。此時，應採取「抓大放小」的思考方式，對自己說：「我只不過錯了一小題，對整個考試影響不大，由它去吧！只要以後多注意就是了。」

（4）尋找優勢

這是一種從失敗的事情中尋找有利方面的思考方式，能有效的穩定情緒，使壞事變成好事。比如，一個年輕人剛畢業創辦了一家公司，但首次做生意就虧本了。這時他對自己說：「啊哈！我總算有了一次從商的經驗，如果以後從商，我就會更成熟；即使我以

後不做生意，我這段從商的經歷也可以大大豐富我的人生閱歷。」

(5) 自我提升

當人們把自己當成一個理想中的自我時，他的處理情緒問題的能力也能達到理想中的水平。因此，當遇到問題產生不良情緒時，可以立即對自己說：「我是一個具有高尚品質的人，而一個高尚品質的人不該有這種消極情緒。」

(6) 面向未來

當人們把自己想像成一個未來的我時，就能獲得未來我的良好情緒。所以，當因為對眼前的處境不滿而產生消極情緒時，可以用面向未來的思考方式調整情緒，比如對自己說：「一年以後，我的處境會如何的好；十年以後我的處境會如何的更好。」

(7) 現實方案

當人們有時不得不在好幾個都不情願的選擇中選取一個時，心情往往是非常矛盾和複雜的，這時，就要盡快選擇現實可行、利益相對最大的方案。

在生活中，遇到困難、挫折時，如果我們總是採取利導思維，積極的面對它們，就能使自己的腦力得到最大的發揮，也能經常保持愉快的心境。

養成以右腦為中心的生活方式

從目前腦科學的研究成果來看，可以說右半腦是真正的心靈所在，它蘊藏著「人應該怎樣活著」的全部祕密！真理、正義、善良、愛心、避險、創新，也許都是右半腦教導我們的道理，遵循這些道理，我們就會得到安寧和保護，活得心情舒暢、萬事如意，並且有所發現、有所發明、有所創造；而偏離這些道理，我們就會受到刺激與排斥，一輩子碌碌無爲，活得既痛苦又很累。

以右半腦爲中心的生活方式的實質，就是要時時刻刻保持樂觀豁達的情緒，把苦差事當作樂事做、對喜事保持平常心；苦中求樂，淡泊名利；面對現實，不守死理；動中求變，尋求轉機。在行爲上主要應把握如下四點。

（1）培養樂觀的心態

在日常的生活中，不論遇到什麼事情，哪怕是糟糕的事與壞事，都要遵守三個原則：一是只考慮愉快的事情，在思考任何問題時不能爲感情所支配；二是

在自己身上不論發生什麼事情，都不要認為這種事唯獨只光顧於你；三是不論發生什麼情況，要盡量使用利導思維，把一切思維導向到對自己有利的方向。實施的步驟是：首先要冷靜的接受現實，把發生在你身上的或你周圍的任何事件，一開始就要認定它是一種「事出有因」的「正常事件」，客觀的把它接受下來；然後，在「意料之中」的平靜心境下，理智的去思考它的含義；最後，運用大腦的記憶和辨證的方法，想方設法把思維導向「有利於自己的思考」。

（2）積極正確的使用感覺器官

人有五個感覺器官，即視覺、聽覺、觸覺、味覺、嗅覺。感覺器官不用，就會逐漸遲鈍衰退。而積極正確的使用它們，可以使它們各自產生愉快的感覺，可以養成促進利導思維的習慣，有利於右腦潛能的發揮。

比如，看一幅好畫，聽一首樂曲，嗅一嗅芳香氣味，摸一摸柔美東西，嘗一嘗美味佳餚，就可能超越娛樂的境界，對大腦產生積極的影響，從而打開右半腦的門扉。

（3）養成冥想的習慣

可以嘗試每天進行身心合一的十分鐘冥想，將會

把身體化爲五種感官的知覺，並把這些知覺置於安靜舒適的狀態中，這時，大腦清新，心曠神怡；心平氣和，真我復原；右半腦的門扉洞開，將爲你提供智慧的精華。

實踐證明，經常「練靜」的人，能夠自覺的做到閉目凝神，靜坐或靜立，逐步收攏意念達到入靜，使人的左腦由興奮狀態轉爲平靜，進而達到「超覺」狀態（也就是「入定」狀態或忘我狀態）。並且「入靜」之後都會感到頭腦清晰，耳聰目明，精力充沛，心平氣和，記憶力增強。

（4）在腦子裡繪圖、看圖

當你或與別人談話、或看書、或聽廣播的時候，只要有可能，就盡量把聽到或看到的語言、文字的內容在腦子裡描繪成圖像，然後，閉目冥想，透過「內視」的方法在大腦中「看圖」，並努力使自己感知在大腦中浮現出的動態圖景。只要能感到大腦中有東西浮現出來，那就說明收到了效果，這對激發與發揮右半腦的潛能很有裨益。如果大腦中浮現出的是語言，那就把它剔除。

有了興趣引導容易產生良好的記憶效果

　　我們經常會聽到這樣的抱怨：「這麼一長串的人名、數字，這麼多的長篇大論，我都快煩死了！」這是我們對學習的一種低落情緒，就像機器轉動時發出越來越大的摩擦聲一樣令人討厭，這種感覺即為枯燥。此時，你是否應該為機器加點潤滑油呢？那麼記憶的潤滑劑又是什麼，有了它，學習記憶是不是就會變得生動起來呢？首先，讓我們來看一個例子：

　　如果你是個標準的球迷，一定會記得兩隻球隊打進了世界盃決賽，對當時的比分也記憶猶新；但對於歷史書上的某個大戰役發生在何年、何月、何日及何地，你卻記不起來。你剛剛開始學習英語時，是否發現「American、love、friend」等比較容易保持深刻的印象；你也許不知道一公斤換算成多少盎司，但卻對幾個月前的生日那天你穿了什麼衣服記得一清二楚；什麼時候該拜訪你的老師，你要記在隨身攜帶的筆記本上；而與你的朋友約會的時間卻記得再清楚不過了。

這正是因為，有興趣的東西，總比沒興趣或興趣不大的事物記得清楚的緣故。也就是說，興趣即是記憶的潤滑劑。有了興趣引導，便可以具有良好的記憶效果。

　　古今中外，大凡能夠充分發揮自己的潛能做到事業有成的人，總是在對某種事物有著十分濃厚且執著的興趣。因為人一旦對某一方面感興趣，就會專注的從事某項活動，就會進入一種全神貫注的、被稱之為「自如的行動狀態」，也就容易調動大腦所有的潛能為之服務，從而很容易有所創造，取得成就。

　　無數的實踐都證明了「興趣是最好的老師」這句名言。興趣不僅是入門的嚮導，也是成功的導火線。凡是富有興趣的東西都特別能引起人的思維，使處於大腦深層的潛能湧現出來。

　　現代醫學的研究證明，在發揮創造力的過程中，興趣所起的作用是超乎想像的，特別是在促進記憶方面。一般的記憶過程，必須依靠腦細胞內的一系列分子變化、幾十種物質的共同作用才能完成，從而建立細胞內訊號傳導通路。據研究，人類要完成這一記憶過程需要40分鐘至1小時。可見，記憶並不是一件容易的事情。

然而，當人們心情愉快，對某一件事物產生了強烈的求知慾，具有濃厚的興趣，以至於「入迷」時，大腦皮層中主管「動機」的部分便被調動起來，釋放出一種類似激素的分子。這種分子可以從細胞外「破門而入」，在瞬間一舉穿透細胞膜，直接進入細胞核，引起基因表達過程，從而完成記憶，而不需要經過上述的細胞內訊號傳導通路。這樣便大大的縮短了記憶所需的時間。由此可見，培養興趣對發揮記憶潛能來說是何等重要。如果對不喜歡、沒興趣的事物，即使每天讀上 100 遍，也未必真能記得住。

　　再如，有的人在寫文章的時候，突然間覺得來了「靈感」，思如泉湧，文采飛揚，連自己都不知道這些「學問」原來藏在哪裡。實際上，這就是潛能「內隱知識」外化的結果。內隱知識是指在不知不覺中透過「內隱記憶」學會的知識，它的學習過程是不爲人的潛意識所控制的。內隱記憶過程是大腦自動記憶、自動加工的過程，人的潛意識不能察覺和控制它，而且，與外顯記憶相比，內隱記憶的容量非常龐大，幾乎是無限的，這也說明了爲什麼多觀察可以增加知識的道理所在。

　　人在很多時候都在不知不覺中學習了一些知識，

記憶了一些訊息，但自己卻並未察覺，而這些東西隱藏在大腦裡也不會輕易失去。當遇到某些外界刺激時，內隱知識則會自動被大腦調動並組織起來，在一瞬間被「激活」。於是，它便會突然冒出來。這時，人就會產生過人的靈感和極大的創造力。

因此，平時要養成多讀、多看、多實踐的興趣，對各種知識和技能保持興趣濃厚、行為執著的求知慾，這樣有助於內隱知識的積累。

素質和能力的培養，主要是增加內隱知識的儲藏量，而智力開發的過程也正是內隱知識外顯的過程。而濃厚的興趣，愉快、幸福的心境，最有利於內隱記憶的進行，這對於提高人的記憶力和創造力以及提高人的素質具有非常重要的意義。

把精神引導到鬆弛狀態
更有利於促進記憶

　　科學家們研究發現，我們的大腦能力不是已經開發殆盡，而是還遠遠沒有開發，我們最多只用了大腦的 10%。怎樣去開發利用其餘那 90% 呢？人們發現，人的大腦分爲左半大腦和右半大腦，左邊進行推理，邏輯思維；右邊掌管想像，直覺的活動。當人們用常規方法學習時，左右大腦和身體這三部分總是有些互相衝突，因而大大的削弱了你的學習能力。

　　經過長期研究，保加利亞的一位醫學博士拉扎諾夫創立了一種新的學習方法──超級學習法。

　　拉扎諾夫讓學生們舒適的躺在軟椅上，用調整呼吸的辦法達到全身放鬆。然後播放一種每分鐘六十拍的古典巴洛克音樂。同時播放合乎節拍的各種語調的外語單字或課文。學生們合拍的用八拍一循環〔呼（兩拍）──吸（兩拍）──停（兩拍）──〕的方法呼吸，用心聽音樂，就會在不知不覺之中記住需要記的單字。使用這種學習法，學生的學習效率可提高 5 ～

50 倍。

　　一組保加利亞的工程師、醫生和法官（15 人）用這種方法一天記住了 1000 個法文單字，有效率達 97%，一天就學到了這種語言的幾乎一半的常用詞彙！美國阿衣華州立大學的一些學生，在兩周時間內學完了一學期的西班牙語課程。加州的一些學生，只用了平常 1 ／ 4 的時間就掌握了一門斯拉夫語。

　　拉扎諾夫認為，人的能力幾乎是無限的，人在無意中會記住無數的東西。當阻礙思維的因素除去後，人的記憶力就會大增。所以，從另一個角度上說，超級學習法是用「減法來做加法」，即用消除學員的恐懼、自責和對自己的能力的否定來增加學到的東西。拉扎諾夫解釋說：「人接受到的一切訊號──聽到的、看到的、感覺到的，都會在大腦中留下一個痕跡，即使主觀上已無法回憶起來，但這種痕跡仍然長期存在。」他這種方法就是要啟發人們去回憶起這些錄在頭腦裡的訊號。

　　正像一項新的科學技術往往是幾個舊領域的融合一樣，拉扎諾夫法也是許多不同學科和領域的融合物。人們早就發現，當人體處於全身放鬆、接近睡著時，人腦的學習和接受能力比平常大得多。基於這個

原理，國外有人發明了睡眠學習法，使學習效率大大提高，可惜這種方法需要許多複雜的設備。

人們還發現，世界上有一些具有非凡記憶和運算能力的人。例如，印度瑜伽教徒和新西蘭的毛利人，他們透過許多神祕的方法來訓練自己的記憶力。瑜伽教徒中的許多人能夠背誦所有的經書；毛利人的首領能夠連續三天三夜背誦族譜四十五代人一千年的歷史。

拉扎諾夫多次到印度去研究這些奇異功能的人，他去掉他們的方法中的神祕色彩，發現了呼吸和節奏的作用。就這樣，拉扎諾夫從睡眠學習法、瑜伽技術、音樂療法、戲劇、生理學、心理學、靈學等許多領域中，發展出了這一獨特的學習法。這種方法不需要什麼複雜設備，對老年人和年輕人，智力遲鈍者和敏捷者都一樣有效。

現在，這種方法不但應用於外語學習中，而且已經廣泛的應用於歷史、化學等需要較多記憶的學科中。不但如此，它還被廣泛的運用在商業訓練、心理治療、體育競賽、藝術表演等許多方面。

現在很多國家的學者都在研究「超級學習法」。超級學習法的關鍵指出就是兩點：一是把精神引導到

保持良好心情，激發最佳腦力狀態

鬆弛狀態，二是在這種狀態下，按著一定的節奏進行
學習。在實踐中，我們可以根據這一原理，嘗試設計
適合自己的學習方法。

以適當的音樂做「背景」
能提高大腦的工作效率

　　音樂是打開無壓力快速學習的大門鑰匙，是提高大腦工作效率和記憶力的積極有效的方法。這一革命性的發現是由前蘇聯的科學家們取得的。他們發現，17世紀或18世紀的作曲家們創作的某些音樂，對大腦和記憶有很強的影響。這些音樂都是根據古代音樂流傳下來的特殊格式來創作的。正是巴洛克協奏曲中每分鐘55～65拍的行板音樂，使學習效果倍增。巴洛克作曲家通常用絃樂器、小提琴、曼陀林、吉他、撥弦古鋼琴來創作這種緩慢、舒適而寧靜的音樂，其聲音自然、高頻、和諧。

　　當聽著寧靜而舒緩的音樂時，你的血壓會慢慢下降，你的心臟也開始健康有節奏的跳著；血壓中的緊張因子沒有了，因此，你的免疫系統得到了加強，同時你的腦電波下降6%，而放鬆的腦波卻上升了6%，左右半腦達到同步效應。大腦和身體隨著緩慢的韻律漸漸的進入了和諧狀態——身體放鬆、大腦警覺，這

正是取得優異成績的最佳狀態。

　　保加利亞的羅扎諾夫博士於1966年成立了羅扎諾夫學院，作為研究「暗示學習法」（又稱「超級學習法」）的中心。他以醫學和心理學為依據，對一些樂曲進行了研究，發現巴赫、亨德爾等人的作品中的慢板樂章，能夠消除大腦的緊張，使人進入冥想狀態。他讓學生們聽著節奏緩慢的音樂，並且放鬆全身的肌肉，跟著音樂的節拍讀出需要記憶的資料內容。學習結束之後，再播放2分鐘輕快的音樂，讓大腦從記憶活動中恢復過來。很多試驗過這種方法的學生都覺得記憶效果很好。他主張利用節奏舒緩的音樂來刺激大腦，達到消除心理的緊張感，使音樂節奏、生理節奏（如呼吸、心跳等）與訊息輸入的節奏協調起來，從而在集中注意力、增強大腦活力的狀態下學習。這種「超級學習法」在西方各國已得到廣泛應用。它可以幫助學生輕鬆而有效的學習知識，也可應用於法律、軍事、工程、醫藥等職業練習之中。

　　現在，在工作、學習場所播放優美、舒緩的「背景音樂」，以有效的提高工作或學習效率，這一點已為人們所公認。音樂可以陶冶情操，調節情緒。

　　在閱讀時，把注意力集中在書本上，輕柔的樂曲

就會不知不覺的刺激右腦，產生情感體驗，發展形象思維，促進左腦抽象思維能力，使兩半腦得到均衡的活動。由於音樂強化了人的神經系統功能，使視覺記憶、聽覺記憶都得到鍛鍊，從而可以增強記憶的敏捷性、持續性和準確性。

歐美、日本等國還盛行「腦部思維保健」法。在健腦中心專設健腦設備，如美國研製的腦部治療儀「阿爾法興奮器」，同時播放美妙的音樂，其輕快的節奏與人的脈搏、心跳極為和諧，使人消除疲勞，集中注意力，心情愉快，提高大腦功能，加速學習。藝術家接受健腦後，可產生創作靈感。

音樂能毫不費勁的喚醒語言能力和以前的記憶，讓你更加聰明，更加快速的學習；能增強記憶，解除壓力，幫助你集中精力和學習形象化想像，開啟內心的意識，同時還有助於聽力的提高。

法國著名聽覺專家阿爾弗雷德 • 托馬斯蒂說：「有些聲音具有兩杯咖啡的興奮作用。」泰麗 • 懷勒 • 韋伯指出：「某些類型的音樂節奏有助於放鬆身體、安撫呼吸、平靜 β 波震顫，並引發極易於進行新訊息學習的、舒緩的『放鬆性警覺』狀態。」

美國的快速學習專家希拉 • 奧斯特蘭德在《超

級學習法》一書中介紹，在艾奧瓦州立大學的測試發現，只用緩慢的巴洛克音樂，無需任何方法，就能使學習速度提高 24%，使記憶力增長 26%。巴洛克音樂能使植物成倍的加快生長速度，有助於消除分娩痛苦，能使愛發脾氣的孩子迅速鎮定。

音樂浴可幫助你清除一天中不停圍繞你、讓你的大腦枯竭的噪音。

選一種你喜歡的輕鬆音樂，找一個舒服的位置躺下，做幾個深呼吸，釋放所有的緊張。讓音樂在你體內流進流出，沖走一天圍繞在你身上的所有垃圾噪音，沖掉一切聲音污染，讓自己沉浸在音樂之中，注意它在你體內的不同部位如何迴響，想像你體內的不同細胞隨著怡人的振動而舞動。讓音樂給你能量，讓你放鬆。當音樂結束時，做幾個更慢更深的呼吸，釋放所有的壓力。

一定要戰勝唯恐記不住的恐懼心理

很多研究腦科學的心理學家都強調，記憶時最重要的是要有「一定得記住」這種自信心，否則老覺得自己的記憶力不好，在學習或工作時，精神不振，情緒不高，造成記憶力下降。反之，自信心可以使人精神旺盛，情緒高漲，腦細胞的活動能力大大加強，記憶力相應大大提高。可見，唯恐記不住的恐懼心理會使頭腦變壞，相反，一定能夠記住的信心會增強你的記憶力。

我們每個人都有記憶力，正如我們每個人都有大腦一樣，只要大腦是健康的，作為大腦功能的記憶也是正常的。記憶力的好壞不是天生的，它主要取決於後天的主觀努力和科學的訓練，勤用、巧用可以擁有非凡的記憶力。

自信心是增強記憶力的內在動力，科學家們估計，人們儘管勤奮學習和辛苦工作，一生也用不到大腦功能的 10%，也就是說人的記憶容量是無限的，還有 90% 以上的腦功能潛力未能發揮作用，所以缺乏信

心是沒有科學根據的。

　　為了取得良好的效果，每個人都應相信自己的記憶力。在背誦課文之前，在心裡對自己說：「我有非凡的記憶力，我能記住。」從內心深處相信自己一定會記住，在積極的心理暗示，必將導致積極的行動，這是集中注意和取得記憶成功的必要條件。如果自己認為自己的記性不好，就會因為自己抑制自己的大腦活動而降低記憶效率。

　　請記住馬爾茲的名言：「你想你是什麼，你就是什麼；你想你能做什麼，你就能做什麼。」下定決心想記，就能增強記憶力。

　　美國記憶術專家威廉哈姆・韓森說：「這世上沒有所謂記性差的人，大家都有很好的記憶力，只是沒有發揮出來而已。那些自己認為記憶力差的人，只要學習了記憶術的訣竅，就能擁有高超的記憶力。」如果你現在的記憶效果不理想，請反省一下，是否方法不對。

　　青少年學生正處在學習成長的黃金時期，要利用這一大好時光，培養、提升成功的自信心。

　　要學會正確評價自己，看到和相信自己的優勢和能力。可見，提高自信心對增強我們的記憶力有很大

的幫助。

我們可以運用自我精神訓話，進行自我激勵，並在行動中提升自信心，獲得成功。

此法也稱「六十秒 PR 演講法」，曾流行於一些西方國家。「PR」是英語「proud」的縮寫，意思是「自豪的」、「豪邁的」。具體做法是：先寫一份訓詞，內容包括你的主要優點、特長和能力，你要達到的理想目標，要用簡潔、肯定的、正面語言，要有力量，時間為一分鐘左右。然後，你可以對著自己的家人朗讀，也可以對著鏡子看著自己朗讀。讀的時候，要滿懷信心，確切的感受到你實現了自己的目標，每天朗讀二至三遍，隨著自信成功體驗的增加，可以更換訓詞的內容。

運用此法，貴在持續，不可三心二意，斷斷續續，這樣自卑就會遠離你，自信和成功就會常伴你。

此外，為了提升自信，還可以嘗試下面的小技巧：

（1）盡可能爭取參加表現自己的機會

培養自信心最好的方法是在人面前講話，國外的一些企業培訓業務員的做法是，讓他們到繁華的市區，在公眾面前大聲唱歌，以訓練在人面前敢於表現自己的勇氣。自卑心理往往使人不敢相信自己，不敢

表現自己，遠離他人，封閉自己。你就反其道而行之，討論會、辯論會爭取主動發言，演出、比賽等活動主動參加，課堂上等公眾場所主動舉手回答問題。

有的人怕這怕那，是自己束縛了自己。請記住，日常生活中注意培養主動與人說話和打招呼的習慣，這不僅表明你有禮貌，更會增強自信心，越是主動，信心也就越強，人際關係越融洽。你不妨每天真誠的讚美二三個人，突破自己心理上的障礙。

（2）練習抬頭正眼看人

有的人不敢正眼看人，尤其是在陌生人面前，低頭下視，侷促不安，羞澀懼怕，這往往是缺乏自信心，甚至是自卑的表現。「眼睛是心靈的窗戶」，正眼看人，大大方方，不卑不亢，滿含善意，表示有信心、坦誠和親切可靠。

（3）昂首挺胸，將走路的速度適當加快

人的姿勢和行為是心理活動的結果，反過來，改變姿勢和行為可以改變人的心理活動和態度。自卑的人總是無精打采，畏畏縮縮。當你抬頭挺胸，走快一點，就會感到渾身有勁，精神振奮，信心大增。

（4）學會笑

笑既是調節情緒的好方法，又是醫治信心缺乏的

良藥。一笑解千愁，適當的場合，不妨開懷大笑，把自己身上的自卑、苦惱、焦慮、委屈、壓抑等全部笑掉，從而鼓起勇氣，抖擻精神，樹立自信，走上成功。

要給自己明確提出記憶的
目標或任務

心理學家做過這樣一個實驗：

他們請老師給兩個班的同學默寫課文的作業，都說第二天測驗，第二天果真測驗了，結果兩個班成績差不多。測驗後，只告訴一班同學兩星期後還要測驗一次，二班同學不知道。兩個星期後又進行測驗，一班同學的成績比二班的明顯高出一些（一班同學在測驗前也沒有複習）。

這說明，並不是一班同學比二班同學更聰明，記憶更好，而是由於老師在第一次測驗後，對一班提出更長久的記憶目標，結果一班同學就記得長久些。

這個實驗都告訴我們，在學習中要養成一種習慣，嚴格要求自己，給自己明確提出記憶的目標，這樣才能有好的記憶效果。

記憶的效果和記憶的目的有密切的關係，在其他條件相同的情況下，記憶的目的越明確，記的效率就越高。佛洛伊德這樣說過：「意圖是所有記憶與忘卻

的基礎。人們所記憶的事物，應該是自己想要記憶的事物；所忘卻的事物，也是自己想要忘記的事物。」這說明，只有記憶的目的明確記憶的效果就會好。反之，就容易忘卻。

為什麼目的明確能夠提高記憶效果呢？這是因為有了確定的記憶目標，便可以集中自己的注意力指向它。你見過在海上失去方向的行船嗎？晃晃悠悠的前行，不知道盡頭。記憶也一樣，沒有明確的目標，再多的努力也是白費。許許多多的實驗結果，都已經證實目標越接近，方向越明確，則越容易達成，同時其吸引力也越強。就好像磁鐵一樣，如果鐵片離磁鐵越近，其磁力越強，相反，如果離得越遠，其磁力則越弱。

記憶明確似乎是一個簡單的道理，但在實際生活中卻有不少人往往做不到。他們看書學習完全沒目的，僅僅憑著興趣，碰到什麼學什麼，遇到什麼記什麼；有的雖然有目的，但不夠正確，或許是為了應付老師的詢問，或許是為了應付考試，或者是為了炫耀才華，顯示自己……這樣，事情一旦過去，原本「記住」的知識又都忘了。這告訴我們，影響記憶目的的條件很多，只有把握了這些條件，才能做到目的明確。

➤ 保持良好心情，激發最佳腦力狀態

在目的明確的前提下，我們要挖掘大腦中一切可能幫助記憶的因素來加強記憶力。這些因素，可以讓我們的記憶目的更明確，印象更深刻、內容更豐富。我們在日常中所從事的工作也一樣，無論是體力勞動還是腦力勞動，如果越接近終點，不僅其工作效率也高，而且錯誤也較少。這種現象，是鎖定目標所招致的結果。所以越接近目標，效率越能提高。

要進行有意記憶，首先要有明確的任務。任務明確，就能調動心理活動的積極因素，全力以赴的實驗記憶的任務。任務越明確、越具體，記憶效果就越好。例如，英語單字不好記，但又必須記住，因此，你可以把單字寫在小卡片上，規定自己每天必須記住二十個單字，並及時進行複習與檢查。這樣，日積月累，你的詞彙量就會大增。其次，有意記憶要有意志努力的參與，也就是我們常說的「專心致志」。要下決心記住一段資料內容，就要進入「兩耳不聞窗外事」，「頭懸樑，錐刺股」的境界。如果面對著要記的東西，連連叫苦不迭，或漫不經心，或知難而退，都不會取得好效果。

積極營造有助於記憶的外界環境

人類生活在一個極為複雜的外界環境之中，包括自然環境和社會環境。生命過程就是不斷從外界環境攝取營養物質，又不斷把代謝產物排到外界環境之中的過程；也是身體不斷接受各種外界刺激，又不斷做出各種相應反應的過程。幾乎每一個完整身體的生命現象，都取決於與外界環境的相互連結。外界環境對人體活動有著重要影響，對腦功能也有著重要影響。

（1）空氣對腦功能的影響

人體代謝過程離不開氧。腦的代謝率高，耗氧量也大，約佔全身耗氧量的 20%。據測定，1 公克腦組織的耗氧量相當於 200 公克肌肉的耗氧量。如果供氧不足，會使大腦工作效率降低，記憶力、判斷力減弱。嚴重缺氧會造成腦細胞死亡。因此，在日常生活中，必須經常注意使大腦得到充足的氧。工作、學習場所要空氣流通，以維持用腦時腦力旺盛；臥室也要空氣流通，以維持睡眠時能消除腦的疲勞。

使大腦得到充足的氧供應的一個好辦法，是到大

自然中去。一棵大樹的光合作用足以吸收一個人呼出的二氧化碳，並爲其提供所需要的氧。1 公頃闊葉樹林能「生產」730 公斤氧，而一個成人一天大約只需要 0.75 公斤氧。

大氣中的氧有三種狀態：中性氧、負氧離子和正氧離子。在宇宙射線、紫外線、放射性物質輻射、雷電、暴風雨和海浪、瀑布等催離素的作用下，大氣中的分子發生離化現象，中性氧獲取自由電子，就形成了負氧離子。實驗證明，負氧離子可促進人體細胞的電活動，調節神經系統的興奮、抑制過程，增強腦功能。還可改善血液循環，促進新陳代謝，提高身體的免疫力，防治高血壓、心臟病、神經衰弱以其消化、呼吸、泌尿等系統的疾病，從而增進全身健康，進一步提高腦的工作效率。

如果你在室內用腦時，應注意空氣流通，在休息時，盡量到清靜的戶外去，這可使你的大腦經常得到充足的氧氣供應。從而消除疲勞，確保腦的健康，提高用腦效率。

（2）聲音對腦功能的影響

聲音對腦功能的影響有好有壞。悅耳的音樂，空谷的回音，美妙動聽的鳥語……能使你心情愉快，精

神振奮，腦功能提高；而刺耳的樂聲，交通的噪音，機器的震響，飛機的轟鳴……則使你煩躁不適，精力分散，腦功能降低。

聲音的強度以分貝為單位。一般說，大腦在思考問題時，環境的聲音強度不宜超過 20 分貝，否則，會影響精力集中，降低思考力。

通常，60 貝是使你煩躁的界線。60 貝以上，對腦功能開始有不良影響。實驗證明，過強的噪音會傷害人的神經系統，使大腦皮質的興奮和抑制的平衡遭到破壞，從而使你頭腦發脹，注意力分散，記憶力減弱，思考力減退，情感失常，抑鬱，易怒，煩躁不安，嚴重時頭痛失眠，甚至聽覺失常，精神錯亂。

有人對在 95 分貝環境中工作的 202 人進行調查，發現有頭暈的占 39%，失眠的占 32%，頭痛和記憶力減弱的占 27%。

實驗證明，長時間受 115 分貝以上的刺激，會引起大腦皮層功能的嚴重障礙，使腦的聽覺細胞受到永久性破壞，使各種器官的功能失常，並使人過早衰老。噪音達 175 分貝，就會使人喪命。

據報導，噪音會影響兒童智力的發展。義大利奧利機場附近的一所小學，由於學生每天生活在隆隆

的飛機聲中，聲音強度常達 100 分貝左右，因而，有 40% 的兒童智力逐年下降，學習成績逐年退步。

所以，為了保護大腦，增強腦功能，人們應該盡量創造和利用安靜的用腦環境，經常使你的大腦獲得適度的、良性的聲音刺激，盡力減少噪音對腦功能的不良影響。即使聽音樂，也要有所選擇。健康悅耳的音樂，可以提高大腦的興奮水平，啟迪靈感，提高用腦效率，甚至可以治療疾病；怪誕刺耳的演奏，不僅於腦無益，還可能是神經紊亂症的發病誘因。

（3）光線對腦功能的影響

光線會影響人的視力，這是人所共知的，它會影響腦力嗎？回答是肯定的。

在用腦工作或學習時，光線需要有適當的強度。太強了會使人感到煩躁，甚至眩暈，這是因為光刺激透過視神經作用於大腦，給腦細胞以劣性刺激，對腦功能產生了不良影響。太弱了會使環境昏暗，物體輪廓不清，顏色不鮮明，大腦皮層得不到足夠強度的光刺激，引不起足夠的興奮強度，會逐漸發展抑制過程，也影響用腦效率。同時，太強和太弱的光線都會增加腦神經對眼睛睫狀肌調節的緊張度，容易引起視力疲勞，間接對腦功能有不良影響。

白天用腦一般是採用自然光。在戶外，應避免烈日直射，在室內，如因窗戶太小或其他原因而採光不足，應增加適度的燈光。

　　夜晚用腦採用燈光需有一定強度。一般說來，日光燈40瓦：離桌面145公分，或30瓦，離桌面140公分；20瓦：110公分；15瓦：65公分；8瓦：55公分比較合適。總之，應該根據主觀感覺，像調節照相機的光圈和距離那樣，調節好燈光的強度和距離，做到既省電，又適於充分發揮腦力。

　　在閱讀或寫作時，檯燈上加燈罩，不僅可增加需光面積的亮度，而且可使其周圍灰暗，減少外界環境對大腦的無關刺激，使大腦皮層的優勢興奮中心得以保持，使注意力更加集中，用腦效率更高。

　　燈光的種類不同，對腦功能的影響也不同。日光燈輻射的光通量隨交流電變化而發生顯著變化，在50赫交流電路中，日光燈每分鐘要閃爍6000次。雖然由於閃爍的頻率高，肉眼感覺不出來，但仍容易引起大腦的疲勞。白熾燈則沒有這一缺點。但日光燈發射黃色和綠色兩種光線，肉眼對這兩種顏色最敏感，白熾燈則沒有這一優點。

　　為了吸取兩者的優點，減少兩者的缺點，當你持

續較長時間在燈光下用腦時，比較好的辦法是交替使用日光燈和白熾燈。

光線的照射方向也很重要。方向不當，會引起目眩，影響用腦效率。光源要略高於眼，從左前上方射入為宜。

（4）顏色對腦功能的影響

顏色對腦功能有顯著影響。有的顏色悅目，使你愉快；有的顏色刺目，使你煩躁；有的顏色熱烈，使你興奮；有的顏色柔和，使你寧靜。這都是因為不同顏色以不同波長透過視神經，作用於腦所引起的情緒反應。據報導，教室牆壁的顏色不同，學生的學習效果也不同。有的顏色如淺黃色、草綠色能提高學生的智商，有的顏色如棕色，則引起智商下降。

通常人們把顏色分為兩組，一組叫暖色，一組叫冷色。暖色有紅色、橙色、黃色，是刺激性較強的顏色，能使大腦皮層興奮；冷色有綠色、藍色和紫色，是刺激性不太強的顏色，能使大腦皮層相對安靜。實驗證明，淡灰綠色和淡灰紫色可使人平靜，易於消除大腦的疲勞。所以，適用於人們從事腦力勞動的工作室和學習室。

各人對顏色有不同的愛好和感受。有的人喜歡暖

色，在偏暖色的環境中大腦功能好；有的人喜歡冷色，在偏冷色的環境中更適於用腦。因此，我們在調配腦力勞動場所的顏色時，要考慮各人的不同情況。一般說來，腦力勞動環境的色彩不宜過於強烈，不宜用紅、黃等原色，而以復色或間色中比較輕柔的色調爲好。

大自然中各種植物所構成的綠色世界，對大腦皮層是良性刺激，能使疲勞了的大腦在功能上得到調整，使緊張的精神得到緩解。綠色是使人感到舒適的顏色。在緊張用腦之餘，如能到綠草如茵的園地去休息，到綠樹成蔭的大道去散步，到鬱鬱蔥蔥的林間去漫遊，不僅能消除腦的疲勞，而且能啓迪靈感，豐富想像力。

（5）環境佈置對腦功能的影響

人們一定會有這樣的感覺：整潔、美觀、舒適的場所，會使精神愉快、情緒安定，從而提高用腦效率。

清潔是必需的。窗明几淨不僅使室內採光良好，而且使你振奮。對整齊的要求是相對的。有些人的書房看起來不很整齊，各種書籍資料內容長短不一，實際上他是根據它們的內容歸類放置的，是根據用腦需要放置的。用時信手取來，無須翻找。這樣做，比表面上整齊劃一更有利於用腦。然而，完全雜亂無章的

放置用品、書籍和資料內容，不僅使人感到零亂、滿塞、煩躁，而且用時東翻西找，浪費時間、分散注意、破壞情緒。

腦力勞動所用的書籍、資料內容和各種文具用品也要盡可能放在順手的、固定的位置上，要用隨時可以拿到。

用腦場所的合理佈置和保持固定位置，可對大腦構成相對固定的條件刺激，使人的大腦皮層建立起條件反射。此後，一走進這個場所，大腦就會活動起來，提高用腦效率。

盡量利用比較集中的時間
和不受干擾的環境

　　記憶時只要聚精會神、專心致志，排除雜念和外界干擾，大腦皮層就會留下深刻的記憶痕跡而不容易遺忘。如果精神渙散，一心二用，就會大大降低記憶效率。

　　在進行系統學習和複習時，有時要整理較多的知識，要讀、要想、要寫、要查資料內容、要設計複習筆記等等，這需要比較長時間的腦力勞動。因此，特別需要一個比較集中的時間和不受干擾的環境，以確保系統學習和複習的順利進行。

　　好的學習環境是要努力去尋找或創造的，不要安於不良的學習環境，要把自己放在一個能促使自己專心做系統複習的環境之中。有的學生家庭經濟條件很好，但仍然持續到學校複習功課，問他們為什麼捨近求遠，他們說，在家裡一個人複習功課，往往管不住自己，一會兒想吃東西，一會兒想躺一會兒，學習效率很低，在學校讀書，雖然物質條件差點，可是有

讀書的氣氛，比在家裡學習時效率高多了。一個學生如果明明知道學習環境不好，明明知道自己缺乏自制力，那就該當機立斷，迅速離開這種環境，在這時猶豫不決就意味著失敗。

我們面對桌子，閱讀一段時間後，會覺得疲勞、記憶力減退，這時，便可以休息一會兒，使眼睛、頭腦得到休息。我們的身體，若長時間工作或讀書而不移動，肩膀就會變得僵硬，必須藉著輕微的運動，像看漫畫、聽音樂來轉換氣氛，才能以新的氣氛繼續下去且更有效率。為了增加記憶力和讀書效率，氣氛的營造是非常重要的。

但是，進行這些娛樂，乃是為了營造讀書的氣氛，千萬不要一放鬆，就再也靜不下來用功，這點必須清楚的規範自己才行。否則，一開始休息，就永遠沒有結束的時候了。

對於有些人來說，放在桌上的營造氣氛的東西，像漫畫書、模型玩具等為娛樂所使用的東西，擺在桌上，心情就無法安定。正當要用功時，東西進入視野中，注意力就易分散而無法集中，精神渙散。所以，最好讀書的地方和營造氣氛的處所，能夠分離兩處較為理想，以免讀書時，會影響到正在讀書的注意力，

尤其是須靠死記的東西。桌上僅放記憶必須的工具，其他東西都不要放，這是爲了把注意力集中在必須記憶的事物上。

有時，我們學習重要的東西學得很煩，就把小說拿出來看，越看越有趣，以致欲罷不能。所以，在用功學習時，意志力務必堅強，避免這種情況的發生。

其他還應注意，用功的環境、場所、牆壁、地板，都不可採用華麗或花花綠綠的顏色，宜採用穩重的顏色。採光也要注意不可過亮或過暗，太亮或太暗都容易疲勞。

經常整理學習環境，是提高學習和記憶效果的良好習慣。

合理利用生物鐘，提高記憶力

　　研究證明，合理的利用生物鐘，掌握最佳學習時間，能有效提高工作效率和學習效率。

　　一天當中什麼時候人的記憶力最好呢？什麼時候才是最佳學習時間呢？據生理學家研究，人的大腦在一天當中有一定的活動規律：

　　6～8點：

　　身體休息完畢並進入興奮狀態，肝臟已將體內的毒素全部排淨，頭腦清醒，大腦記憶力強，此時進入第一次最佳記憶期。

　　8～9點：

　　神經興奮性提高，記憶仍保持最佳狀態，心臟開足馬力工作，精力旺盛，大腦具有嚴謹、周密的思考能力，可以安排難度大的攻堅內容。

　　10～11點：

　　身心處於積極狀態，熱情將持續到午飯，人體處於第一次最佳狀態。此時為內向性格者創造力最旺盛時刻，任何工作都能勝任，此時虛度實在可惜。

12 點：

人體的全部精力都已調動起來。全身總動員，需進餐。此時對酒精仍敏感。午餐時一桌酒席後，對下半天的工作會受到重大影響。

13 ～ 14 點：

午飯後，精神睏倦，白天第一階段的興奮期已過，精力消退，進入 24 小時週期中的第二低潮階段，此時反應遲緩，有些疲勞，宜適當休息，最好午睡三十分鐘到一小時。

15 ～ 16 點：

身體重新改善，感覺器官此時尤其敏感，精神抖擻，實驗表明，此時長期記憶效果非常好，可以合理安排一些需「永久記憶」的內容記憶。工作能力逐漸恢復，是外向性格者分析和創造最旺盛的時刻，可以持續數小時。

17 ～ 18 點：

工作效率更高，體力活動的體力和耐力達一天中的最高峰時期，實驗顯示，這段時間是完成複雜計算和比較消耗腦力作業的好時期。

19 ～ 20 點：

體內能量消耗，情緒不穩，應休息。

保持良好心情，激發最佳腦力狀態

20～21點：

大腦又開始活躍，反應迅速，記憶力特別好，直到臨睡前為一天中最佳的記憶時期（也是最高效的）。

22～24點：

睡意降臨，人體準備休息，細胞修復工作開始。

把著重記憶的科目安排在一天學習的開頭和結尾時間，那時心情比較愉快，注意力比較集中；時間較完整時，安排複習自己不太喜歡或比較枯燥的科目；零星的、注意力不易集中的時間，安排做習題或自己最喜歡的或感興趣的科目。

學會讓身心處於
鬆弛、協調的最佳狀態

　　現在，人們發現，無論是東方的氣功、瑜伽訓練，還是西方的生物反饋、自我催眠、行為療法等，都是靠自己或借助於儀器、他人，透過身體的放鬆，保持心理清靜，以達到調節自己心身功能協調的一種自我鍛鍊方法，所以，人們就把它們統稱為心身自我放鬆術。

　　心理生理學的實驗告訴我們，當一個人在緊張的處理來自於內、外的各種刺激並做出相應反應的狀態時，我們可以透過一種稱為多導生理記錄的裝置，觀察他的生理變化。實驗表明，當人處於「緊張反應」或不良情緒等心身狀態時，其腦電波、皮膚電反應（這是用來檢測一個人的情緒反應的指標）、呼吸、心血管活動、消化功能、免疫系統等生理器官和人的一些心理活動，都會發生明顯的變化，這時，人的腦電波出現了一種節律較快的 β 波，這反映了人的大腦的許多細胞都動員起來，所表現出的一種不協調的反

應，我們一般把這種反應稱為失同步反應；而人的皮膚電反應增加，表現出不穩定的起伏現象；另外，人的呼吸、心跳速度加快，血管的緊張度增加，消化功能失調，免疫能力降低。這一切說明了人的新陳代謝速度加快，能量在消耗，人體抵抗細菌、病毒的能力在下降。

但當你做了心身放鬆訓練之後，那麼奇蹟就會在你身上出現，人們透過對氣功、瑜伽中的靜坐和生物反饋狀態下的生理測量發現：這時，人的腦電波出現了一種節奏較慢而穩定的 α 波，這反映了人的大腦細胞有許多都處於積極的休息狀態，而一些活動的細胞則是以一種協調、穩定的同步反應出現。

職業活動，特別像腦力勞動，需要人有充沛的精力，以及觀察、分析問題時高度的專注精神與清晰的思維能力。這些潛能從何而來呢？有些神經衰弱的人，雖然看了很長時間的書，或聽了很長一段講話，不僅前記後忘，理解力跟不上，而且易感到疲勞，精力也容易分散，不能抑制雜念的出現。而經過心身放鬆訓練後，則可以明顯的改變這些不良的精神狀態，它將會使你的注意力容易集中，記憶力明顯改善，腦力勞動的效率提高，抗疲勞程度增強。現在，國外有

許多公司、企業、教育機構，正在大力推廣各種能提高工作效率的自我放鬆訓練。相信隨著人們對這些問題的重視程度的增加，心身自我放鬆的訓練方法將會得到更多的普及。

對於一個普通人，特別是那些心事重重、憂慮過度，或處於興奮激動而不能自控的人來說，要使全身放鬆，特別是使大腦保持清靜，排除一切雜念是較難做到的，但如果能按照心身鬆靜術的要領去做的話，要達到心身的鬆靜還是不難的。做心身自我放鬆的具體要求，就是要讓我們的心與身處於一種彼此鬆弛、協調的最佳狀態，要達到這種狀態，一般要經歷下面的幾個步驟：

（1）選擇一個空氣清新、四周清靜的環境。

（2）暫時放下或忘卻自己心中的日常事務（平時，一般人腦海裡總是經常在思考著一些已經發生過的事件，或者將要去完成的事）。

這是一種主動的意識消除工作，對心身放鬆的效果影響很大。

（3）選擇一種自我感覺較舒適的姿勢，站的或坐的，躺的亦可。

如果是白天，或者精神狀態要進入興奮階段，最好選取站或坐的，如果要進入休息狀態或睡眠狀態，

那麼以可選擇坐的或躺的姿勢。

（4）活動身體上的一些大的關節與肌肉，做的時候速度要均勻緩慢，動作不需要有一定的格式，只要感到關節放開，肌肉放鬆就行了。

談到肌肉放鬆，我們可以用意識注意每一塊肌肉，或者用深度肌肉鬆弛法，使肌肉放鬆，深度肌肉鬆弛法的意思就是先使肌肉繃緊，然後再漸漸放鬆，從中去體會、感受其中的鬆弛。

（5）保持呼吸自然、舒暢

呼吸的調節是很不容易掌握的，因為呼吸既受自主神經的支配，又可用我們的意識去調節與支配。那麼，怎樣的呼吸最自然、舒暢呢？這只有當人根本不注意自己在呼吸，只靠身體的自然起伏運動帶動呼吸時，這樣產生的呼吸最自然，它既緩慢，均勻，又能使人處於一種舒適、安逸的狀態。也就是說在悠然自得中忘掉呼吸，而不是直接有意識去控制呼吸。因為，人一旦有意識去注意呼吸的調節時，反而會使呼吸變得不自然。

（6）放鬆意識，注意力集中

這是心身自我放鬆術中最難做好的一步，因為我們的一些無意識心理活動會在我們意識鬆弛的時刻，侵入我們的意識「領土」。要使意識放鬆，無意識心

理活動減少，我們可以用意識集中的方法，使我們的意念歸一於某一對象，比如，想像一棵樹，或者有意識的注意並放鬆整個身軀……最後，我們的意識可以達到一種清靜與舒適的清醒狀態。在這種基礎之上進行記憶，效果就會好很多。

i-smart

智學堂

智慧是學習的殿堂

★ 親愛的讀者您好，感謝您購買 超級記憶王：高效率閱讀法 這本書！

為了提供您更好的服務品質，請務必填寫回函資料後寄回，
我們將贈送您一本好書（隨機選贈）及生日當月購書優惠，
您的意見與建議是我們不斷進步的目標，智學堂文化再一次
感謝您的支持！
想知道更多更即時的訊息，請搜尋"永續圖書粉絲團"

您也可以使用以下傳真電話或是掃描圖檔寄回本公司電子信箱，謝謝！

傳真電話：　　　　　　　　　電子信箱：

（02）8647-3660　　　　　　yungjiuh@ms45.hinet.net

　　　　　　　　　　　　　○先生
姓名：＿＿＿＿＿＿＿＿○小姐　電話：＿＿＿＿＿＿＿＿＿

地址：＿＿＿＿＿＿＿＿＿＿＿＿＿＿＿＿＿＿＿＿＿＿＿＿＿

E-mail：＿＿＿＿＿＿＿＿＿＿＿＿＿＿＿＿＿＿＿＿＿＿＿

購買地點（店名）：＿＿＿＿＿＿＿＿　購買金額：＿＿＿＿＿

職　　業：○學生　○大眾傳播　○自由業　○資訊業　○金融業　○服務業　○教職
　　　　　○軍警　○製造業　○公職　○其他＿＿＿＿＿＿＿＿＿＿＿＿

教育程度：○高中以下（含高中）　　○大學、專科　○研究所以上

您對本書的意見：☆內容　　　　　○符合期待　○普通　○尚改進　○不符合期待
　　　　　　　　☆排版　　　　　○符合期待　○普通　○尚改進　○不符合期待
　　　　　　　　☆文字閱讀　　　○符合期待　○普通　○尚改進　○不符合期待
　　　　　　　　☆封面設計　　　○符合期待　○普通　○尚改進　○不符合期待
　　　　　　　　☆印刷品質　　　○符合期待　○普通　○尚改進　○不符合期待

您的寶貴建議：